O ORÁCULO SAGRADO DOS
BÚZIOS

Zolrak
Autor do best-seller O Tarô Sagrado dos Orixás

O ORÁCULO SAGRADO DOS BÚZIOS

Um Sistema Divinatório Africano
HISTÓRIA, TEORIA E PRÁTICA

Tradução
Maíra Meyer

Editora
Pensamento
SÃO PAULO

Título do original: *African Cowrie Shells Divination*.
Copyright © 2019 Zolrak.
Publicado originalmente por Llewellyn Publications, Woodbury, MN 55125 – USA – www.llewellyn.com.
Copyright da edição brasileira © 2024 Editora Pensamento-Cultrix Ltda.
1ª edição 2024.
Todos os direitos reservados. Nenhuma parte deste livro pode ser reproduzida ou usada de qualquer forma ou por qualquer meio, eletrônico ou mecânico, inclusive fotocópias, gravações ou sistema de armazenamento em banco de dados, sem permissão por escrito, exceto nos casos de trechos curtos citados em resenhas críticas ou artigos de revista.
A Editora Pensamento não se responsabiliza por eventuais mudanças ocorridas nos endereços convencionais ou eletrônicos citados neste livro.

Editor: Adilson Silva Ramachandra
Gerente editorial: Roseli de S. Ferraz
Gerente de produção editorial: Indiara Faria Kayo
Preparação de originais: Miriam dos Santos
Editoração eletrônica: Cauê Veroneze Rosa
Revisão: Luciane Gomide

Dados Internacionais de Catalogação na Publicação (CIP)
(Câmara Brasileira do Livro, SP, Brasil)

Zolrak
 O oráculo sagrado dos búzios : um sistema divinatório africano : história, teoria e prática / Zolrak ; tradução Maíra Meyer. -- São Paulo : Editora Pensamento, 2024.

 Título original: African cowrie shells divination
 ISBN 978-85-315-2349-6

 1. Jogo de búzios 2. Oráculos 3. Religiões de origem africana I. Título.

24-191784   CDD-133.322

Índices para catálogo sistemático:
1. Jogo de búzios : Artes divinatórias   133.322
Eliane de Freitas Leite - Bibliotecária - CRB 8/8415

Direitos de tradução para o Brasil adquiridos com exclusividade pela
EDITORA PENSAMENTO-CULTRIX LTDA., que se reserva a
propriedade literária desta tradução.
Rua Dr. Mário Vicente, 368 – 04270-000 – São Paulo – SP – Fone: (11) 2066-9000
http://www.editorapensamento.com.br
E-mail: atendimento@editorapensamento.com.br
Foi feito o depósito legal.

Para todos os profetas e seres inspirados que só de olhar uma estrela relevaram os mistérios mais profundos: os da vida. Para os grandes adivinhos do cotidiano, dando alegria a coisas simples que ajudam a manter a paz e a tranquilidade. Para todas as pessoas que, de um jeito ou de outro, entenderam e entendem que olhar para o futuro, o presente e o passado é próprio de deuses e humanos – o único momento glorioso em que as musas nos ajudam a voar alto, tão alto que nem sequer precisamos de asas. A todos eles, eu me curvo e me uno na sinfonia universal das almas livres.

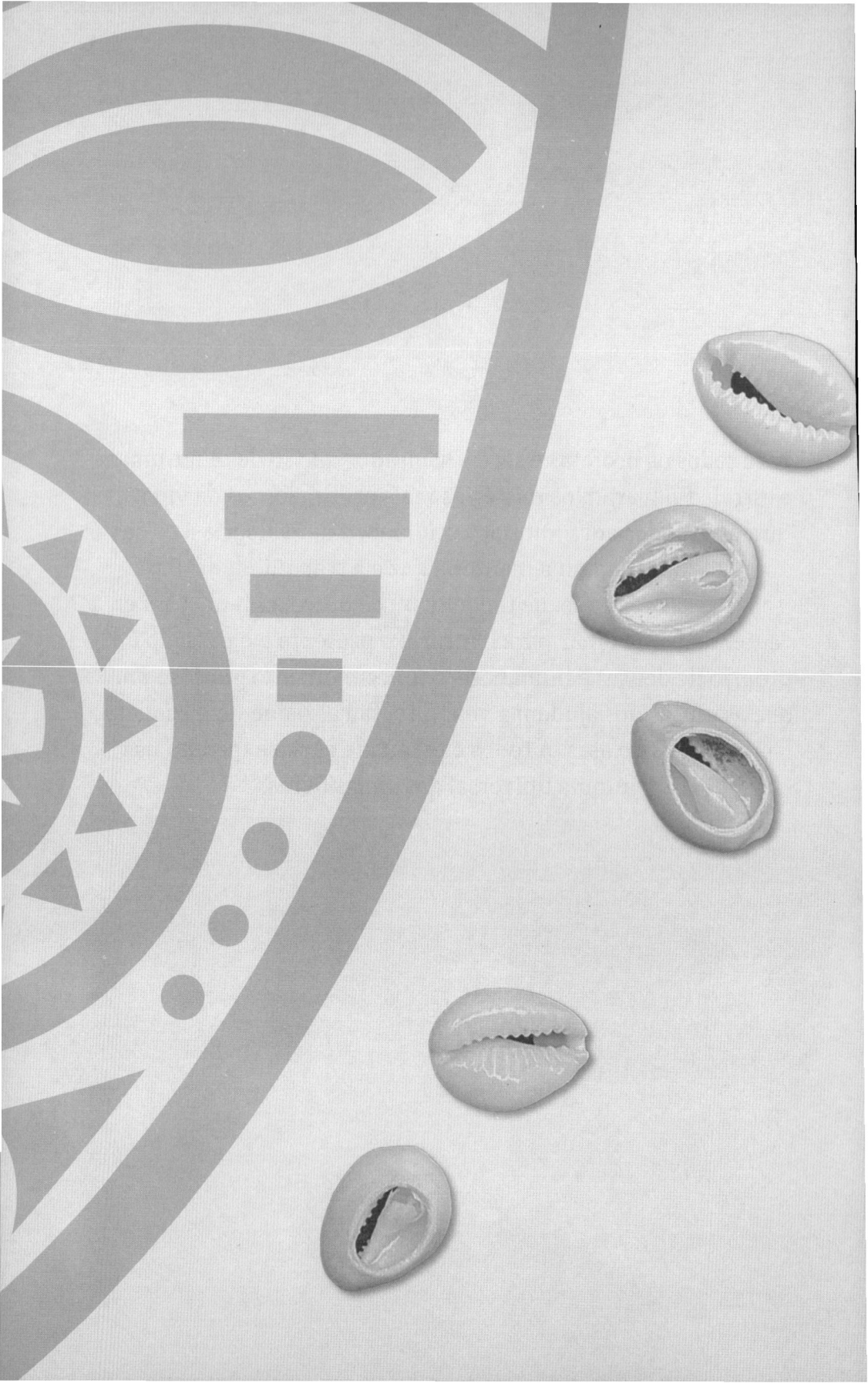

Sumário

Guia Dilogun	8
Agradecimentos	9
Dedicatória	11
Introdução	19

Parte 1

História e Contexto da Adivinhação Africana	33
Capítulo 1: Adivinhação em Outras Culturas	36
Capítulo 2: Iorubá e Santería	47
Capítulo 3: Ifá	65
Capítulo 4: Exu e as Ekedís	77

Parte 2

A Arte da Adivinhação Africana	89
Capítulo 5: Preces e Preparação	92
Capítulo 6: Leitura com Quatro Conchas	101
Capítulo 7: Dilogun: Leitura com Dezesseis Búzios	114
Capítulo 8: Opelé: Adivinhação com a Linha de Ifá	220
Capítulo 9: Outras Ferramentas e Métodos de Adivinhação Africana	229
Posfácio: Mandamento de Oraniã	249
Apêndice: Fontes dos Odus	253
Glossário	259
Bibliografia	267

Guia Dilogun

Orixás que se Expressam em Cada Odu	117
Lendo os Dezesseis Búzios	118
1. Okana	120
2. Eji-Okô	124
3. Ogundá	129
4. Irosun	132
5. Oxé	136
6. Obará	140
7. Odi	147
8. Eji-Onile	149
9. Ossá	153
10. Ofun	159
11. Owonrin	164
12. Ejilaxebará	169
13. Ejiologbon	175
14. Merinlá	180
15. Ogbé-Ògúndá	183
16. Merindilogun	186
Ramificações e Origens dos Odus	190
Provérbios para Dupla Configuração	194

Agradecimentos

Aos meus filhos e filhas espirituais, as pessoas que mais me incentivaram neste trabalho.

Ao meu ilustrador e colaborador-geral, Durkon, por seus excelentes desenhos, pela perfeição nos traços e linhas, pela riqueza de cores e intencionalidade de sua mensagem. Por sua grande devoção aos Orixás, seu respeito incondicional por entidades espirituais e guias. Por seu conhecimento em diferentes ramos da metafísica, o que tornou este árduo trabalho muito mais agradável. Por compartilhar conhecimento e torná-lo mais compreensível para o público leitor.

A Candy de Oxum, a quem o destino me uniu na cidade de Chicago enquanto fazíamos um ciclo de conferências pelos Estados Unidos. Por seu olhar terno, sorriso doce e pensamentos puros.

Agradecimentos especiais a Cecilia Mateos Diaz, a melhor cartomante de baralho espanhol de toda a Espanha. No tradicional e luxuoso distrito de Salamanca, em Madri, ela apresenta diariamente a valiosa Arte de interpretar o futuro com uma aptidão profissional raramente encontrada. Querida amiga, Irmã de Alma, muito obrigado pelo trabalho meticuloso e pelo amor dispensados a todos os que vão até você em busca de respostas e consolo para as próprias tristezas.

E a Ubirajara Pinheiro, companheiro e amigo de outras vidas, por quem sinto profunda admiração e respeito. Por seu talento extraordinário e poder com que se desenvolve no mundo das artes da adivinhação, com seu estilo particular, ao utilizar búzios ao lado de elementos como nozes-de-cola, moedas e outras coisas que compõem um verdadeiro mistério e enigma no mundo sobrenatural – o qual ele tão bem desempenha diariamente em sua prática no Rio de Janeiro, Brasil.

A todos eles: Obrigado. Deus os abençoe!

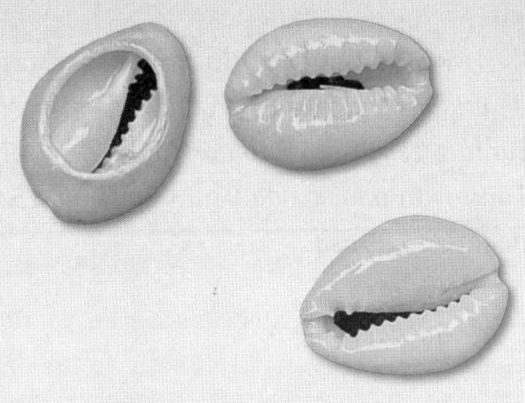

Dedicado especialmente a três
seres de luz que transcenderam
o plano terreno

JOSÉ RIBEIRO DE SOUZA

Rei do Candomblé no Brasil, escritor, conferencista, professor de línguas sudanesas, produtor de discos temáticos e apresentador de rádio e televisão. Babalorixá, chefe espiritual do Terreiro de Iansã Egun-Nita na Estrada Santa Efigênia, 152, Taquara, Jacarepaguá, Rio de Janeiro, Brasil.

Querido pai,

Há muitas coisas pelas quais devo lhe agradecer. Você foi verdadeiramente um pai espiritual e sou-lhe grato não só por todos os seus empreendimentos religiosos, mas também por aqueles que formaram meu caráter e pelo lugar que me reservou ao seu lado, sob seu abrigo e proteção.

Você foi um homem de grande Poder, mas seus valores morais sempre brilharam no âmago do Bem, fortalecendo sua missão como sacerdote e honrando a grande função que desempenhou.

Seus ensinamentos ainda estão comigo, entesourados por aquilo que são: verdadeiras pedras preciosas, *erós*, segredos reais.

Quando alguma incerteza me abatia ou confundia, você me lembrava: "Filho, não se esqueça de que você é um Santero". Querido Pai, nunca me esqueci... e procuro sempre cultivar os bons sentimentos e a verdade que o senhor me transmitiu.

Só posso lhe dizer,
AXÉ!

PIERRE EDOUARD LEOPOLD VERGER

Escritor, fotógrafo, antropólogo, etnólogo, pesquisador de religiões africanas, babalaô, conhecido apenas como Pierre Verger, vulgo Fatumbi ("Aquele que renasceu em Ifá"), que nasceu de novo graças ao (ou por meio de) Ifá e representa o verdadeiro significado dessa palavra.

Meu respeitado Pierre,

No início dos anos 1990, você teve a bondade de dividir comigo sua casa em Salvador, Bahia, no Brasil, onde passamos horas falando sobre Candomblé, espiritualidade, divinação, oráculos etc.

Para mim, foi uma honra conhecê-lo nessa época e poder ensinar o tarô dos Orixás, que no Brasil era e é conhecido como *O Tarô Sagrado dos Orixás*.[1]

Conversamos muito, e aprendi bastante com você.

Muito obrigado, caro Pierre, por sua humildade, calor humano e por todo o Bem que ofertou ao mundo intelectual com seu trabalho incansável e fantástico.

Você foi e será sempre grandioso, uma Lenda que permanecerá viva.

Meus respeitos e minha admiração de sempre,
Zolrak

---

1. Publicado pela Editora Pensamento, São Paulo, 2ª edição, 2018.

CARL LLEWELLYN WESCHCKE

Carl Llewellyn Weschcke foi proprietário e diretor da Llewellyn Worldwide, a maior e mais antiga editora do mundo voltada a assuntos metafísicos. Desempenhou papel de elevo na ascensão da Wicca e do neopaganismo nos anos 1960 e 1970, sendo chamado de "Pai da New Age" por defender publicamente temas de magia.

Meu caro Carl,
Quero amigo, sei que suas ocupações são muitas, mesmo depois de ter nos deixado, mas sua alma sempre foi inquieta, transbordante de uma fé sadia, extremamente analítica, investigativa e profundamente observadora.

Você deixou um imenso legado, como só grandes homens podem deixar. E, ao fazê-lo, continua hoje presente na memória e no coração de todos aqueles que tiveram a sorte de conhecê-lo e de compartilhar de seus momentos fantásticos de alegria e sucesso.

Quando apertei sua mão pela primeira vez, logo percebi estar diante de um Grande Mago. Você não era apenas um homem de negócios e editor, mas também alguém que conhecia profundamente a complexidade da alma humana.

Seu olhar terno sempre revelou paciência, sabedoria e um certo magnetismo que o tornava muito especial, mesmo aos que eram incapazes de entender sua grandiosidade.

De onde você está, do plano de Luz que Deus lhe reservou, tenho certeza de que continua a inspirar, encorajar e proteger seus entes queridos, amigos e autores – porque todos nós acreditamos que, sem exceção, somos parte do universo de seus afetos, graças à sua alma generosa.

Querido Carl, sinta aqui meu abraço, com a firme convicção de que você ainda está lutando para obter conhecimento e de que certamente estará iluminando, com sua mente sábia, os espíritos ainda alheios aos verdadeiros mistérios da alma.

Para sempre,
Zolrak

BABALORIXÁ JORGE DE XANGÔ

Sr. Jorge Verardi
Presidente da Afrobras

A 5 de outubro de 1973, o recém-criado Conselho Nacional de Umbanda teve por primeiro diretor o Babalorixá Emílio Campos da Rocha, que exerceu essa função até 1985. Essa entidade passou depois a ser chamada de Conselho da Religião Afro-Brasileira do Rio Grande do Sul e, em seguida, de Federação das Religiões Afro-Brasileira (Afrobras), nome pelo qual é conhecida atualmente.

Em 1985, o sr. Jorge Verardi de Xangô assumiu a presidência e, com grande autoridade moral, espiritual e intelectual, defendeu seu preceitos filosóficos-religiosos sob o estandarte da Verdade e da Justiça. Lutou fraternalmente com perseverança incansável, obtendo resultados tanto na esfera da comunidade quanto em nível nacional e internacional, na defesa da Liberdade Religiosa, de seus associados e de todos quantos, mesmo sem pertencer a ela, eram adeptos ou simples apoiadores.

As atividades exercidas por Pai Jorge de Xangô (sr. Jorge Verardi) podem ser definidas como de "um guerreiro de Luz" no embate contra as forças da intolerância, da ignorância, da discriminação e do preconceito em todos os níveis: racial, de gênero, social etc.

Sempre tendo uma Ponte de Paz para aqueles que buscavam ajuda, sem fazer discriminações de nenhum tipo, considerava a todos autênticos irmãos.

Ele está mais presente que nunca e transcenderá o tempo como um exemplo a ser seguido.

Minha mãe (já falecida) e eu tivemos o prazer de conhecê--lo pessoalmente, como convidados especiais em uma de suas sessões espíritas nos anos 1980. Desde então, nunca esqueci seu magnetismo pessoal, sua receptividade e capacidade como médium.

Essas palavras de gratidão por seu trabalho estendem-se à Afrobras, bem como a todos os seus membros e colaboradores. Elevo meus pensamentos a Deus Todo-Poderoso para que ele continue iluminando-os.

Axé!

Introdução

Sempre considerei a África o continente mais mágico, misterioso e enigmático, repleta de forças sobrenaturais e lendas poderosas, e também a Mãe Terra de toda a Magia, onde tudo se originou, aconteceu e, por fim, extinguiu a fim de recomeçar em um ciclo ininterrupto de Vida além da Vida.

A África foi, é e continuará sendo a fonte inesgotável de recursos espirituais, em que a Natureza se expressa com maior intensidade. Entre suas paisagens, tudo ganha vida, e mesmo as mentes mais conservadoras e céticas relaxam e acabam levando em conta o que jamais teriam admitido como possível ou verdadeiro. Lá, o forasteiro se torna natural, e o natural vira sobrenatural. Tudo adquire dimensões extremas. Forte e possante, por trás de cada folha, planta, pedra ou corpo de água, conseguimos perceber a criação de Deus em sua versão mais refinada.

Desde a mais tenra idade, me conectei com a Espiritualidade e com todos os fenômenos espirituais e manifestações mediúnicas; minha alma se aproximou, com acuidade e muita precisão, do Mundo Invisível dos Espíritos. Talvez um dia eu me estenda nesses tópicos, contando ao leitor como minha sede por conhecimento Espiritual se desenvolveu e se aprofundou em minha pessoa.

Na longa jornada desse aprendizado, meu espírito investigativo, curiosidade e afãs internos me levaram a conexões com pessoas e figuras fantásticas, revelando situações à minha frente como se puxassem, diante de meus olhos, uma cortina teatral pesada e luxuosa para mostrar a realidade mais impressionante, tangível e palpável de manifestações esotéricas.

Isso me fez iniciar uma trajetória que nunca deixei de percorrer, porque cada passo que dou me esclarece de tal maneira que sempre aprendo, e nunca paro de agradecer ao Cosmos pelas infinitas oportunidades a mim concedidas, tomando-as como Missão de vida.

Sempre fui uma pessoa de fé, e nunca pude imaginar a vida sem a concepção do Deus Todo-Poderoso, o Amor de todos, a Verdade e a Justiça. É por isso que respeito todas as correntes religiosas e filosóficas que contêm esses preceitos, pois todas elas trazem os mesmos fins e objetivam nos aproximar do Criador.

Em minha formação, obtive vários títulos, muitos deles referentes à parapsicologia e outros ramos correlatos. E, como parapsicólogo, considero que só poderia me nutrir das coisas verdadeiras, participando e atuando. O caminho foi longo, exaustivo, trabalhoso, mas estimulante e muito gratificante.

Criei vínculos com ótimos professores que meus anjos colocavam à minha frente, e chegou o momento em que precisei deixar várias coisas de lado e priorizar as Ordens do Além. Ao me conectar com o Africanismo, pensei que o caminho mais eficiente e produtivo fosse a pesquisa séria, profunda e respeitosa feita de uma forma progressiva, analítica e controversa, mas que eu não poderia fazê-la de nenhuma maneira que não fosse autêntica.

E, para tanto, a única forma de proceder era de dentro para fora – participando. Do contrário, tudo teria sido uma compilação inacabada de conhecimentos incompletos, como se fossem diferentes relatos imersos num certo protocolo com títulos chamativos, mas sem informações pragmáticas e, muitas vezes, incompreensíveis.

Conduzido por um impulso e necessidade espirituais e intelectuais, decidi começar minha jornada na Lei do Sagrado e abandonei o espiritualismo Kardecista para frequentar a Umbanda.

Ainda me lembro do som dos tambores e do efeito que me causaram. Minha pele se arrepiou toda, e minha mente e alma voaram para lugares recônditos, entrando em transe e se conectando apaixonadamente com o Espiritual em sua expressão máxima.

Tudo isso me levou a crescer dentro da Nação Oyo, da qual provém minha linhagem da casa de Luis de Bara (Porto Alegre, Brasil). Desse ramo cultural, recebi meu primeiro *jogo de búzios*, que se compunha apenas de oito conchas.

Continuei minha trajetória – até conhecer meu Mentor verdadeiro, um grande Babalorixá, José Ribeiro de Souza, que era o Rei do Candomblé. Ele foi meu guia, meu Professor, que me transmitiu Axé e fez crescer em mim a necessidade de aprimoramento, a paixão pelos Orixás e o amor por todos e cada uma das pessoas que chegavam e chegariam para encontrar respostas, um guia reconfortante para enfrentar problemas e percalços.

E foi assim que em 1985, já tendo cumprido todas as "obrigações" de um ano, de três anos e cinco anos, eu me vi preparado para receber meus direitos sacerdotais.

Uma das Obrigações mais preciosas e valiosas é a Obrigação dos Sete Anos (Odu Ijê), conhecida como Deká, ou Cuia no Candomblé de Angola, em que me formei.

Na cerimônia, recebi todos os fundamentos, bem como as ferramentas físicas, materiais, espirituais e intelectuais que todo alto sacerdote precisa ter. Entre os pertences e coisas de valor estavam meu jogo de búzios, composto de dezesseis conchas, *pembas* (pedras calcárias sagradas e consagradas), sementes, tesoura, navalha etc. – todos os recursos e ferramentas para iniciar futuros Filhos de Santo espirituais e exercitar o sacerdócio em sua plenitude.

Ainda me lembro, e me empolgo ao me lembrar, de quando meu Pai de Santo, José Ribeiro, me deu minha *Peneira de palha* ou *Opon-Merin Diloggún*, decorada com búzios e contas entrelaçadas em *palha da costa*.

Essa entrega, conhecida como *Cuia de Axé*, foi feita na presença dos Altos Sacerdotes do Candomblé, Caciques de Umbanda e alguns convidados, os Filhos de Santo, membros do Templo.

Seguindo a apresentação da Cuia, meu Orixá de frente (denominação dada ao Anjo da Guarda) confirmou sua presença – respondendo de forma bastante afirmativa – quando meu Mestre ergueu a folha da planta que me pertencia. Meu amado Oxalá, meu pai.

Muitos anos se passaram e ainda respeito as orientações que eles me ensinaram, e ainda estou me aperfeiçoando, dentro das minhas possibilidades, nesse árduo caminho de conhecimento e aprendizado.

Cuido dos meus dois jogos de búzios com sacralidade, pois foi assim que os recebi, portanto, eles são Sagrados.

Meu mentor me disse duas coisas. Uma delas foi: "Você será meu único filho, que, como eu, será pesquisador e escreverá livros. E, como escritor, ficará famoso; também estará no rádio e na televisão". E ele tinha razão. Cumpri cada um desses itens e minha alma foi imensamente gratificada. E a segunda foi: "Você tem um Ifá Aya (Oráculo Interno ou do Coração)", e me explicou que ele havia nascido com certas faculdades paranormais, o que me conferia Clarividência Nata e, portanto, o caminho de *Dafá* (que, resumidamente, pode ser definido como o conceito Divinatório no Ifá e o processo de interpretação de um Odu).

Como muitas outras figuras importantes dentro da linha da cultura afro-americana, ele considerava que o Dafá se comprometia com todos os processos divinatórios, e que todas e cada uma das correntes e fontes divinatórias, onde quer que estivessem, fomentavam e enriqueciam umas às outras, constituindo uma miscelânea de conhecimentos que se fundiam em um só: o poder de enxergar além de barreiras materiais.

Todas essas coisas, e cada uma delas, me levaram a escrever este livro, mas na verdade o estopim foi quando meu querido amigo Carl Weschcke, o fundador e presidente do Lllewellyn Worldwide, em uma reunião no seu escritório, aproveitando-se de sua marcante habilidade de adentrar os sentimentos e as almas alheias, com voz grave, lenta e cheia de profunda emoção, por ser grande *connnoisseur* do Universo da Mente e do Espírito (apenas Grandes Homens e Mulheres têm esse dom), me pediu para escrever um livro sobre esse assunto – como se extraísse a solicitação de sua galeria mágica mental.

Sabendo de antemão que isso implicaria responsabilidade e comprometimento imensos, o pedido que ele me fez foi forte o bastante para que eu aceitasse o desafio, e, de uma posição de respeito e humildade, tentei transmitir tudo que me foi ensinado, todas as informações que obtive de extensas investigações, conversas e diálogos, muitos deles com "parceiros de caminho", como gosto de chamar meus amigos e irmãos espirituais.

Caro leitor, hoje você sabe mais coisas sobre mim. Com muito respeito, tentarei ajudá-lo a conhecer esse Mundo, e, sempre que você ler uma página deste livro, sua energia se comunicará com Dafá, e, por meio de sua intuição, todas as suas capacidades perceptivas se ampliarão.

O propósito é que você se conecte com esse Universo Maravilhoso de técnicas divinatórias, que se envolva nele e obtenha respostas às suas perguntas.

Mas nunca esqueça que nem sempre seu tempo é o tempo de Deus, e que Ele reservou para cada um de nós um tempo e um espaço nos quais designou a todos uma missão, e o tempo de Deus é Perfeito.

A compreensão de tudo isso, e talvez de cada uma das palavras e frases que você lê, virá de maneira completa, no momento oportuno e ideal, e muitas vezes coincidirá com suas questões e necessidades atuais; talvez outras surjam quando você estiver pronto para elas.

Quando isso adquirir eficiência, será sinal de que o plano de Deus está cumprido. Não será antes nem depois, mas sim quando você estiver pronto, precisamente preparado para ele, com acuidade e precisão inacreditavelmente perfeitas, como tudo o que provém do Criador.

Outras pessoas conseguirão fazer isso de imediato porque seu Mestre Interior simplesmente já está preparado, pronto para assimilar tudo agora mesmo. Mas, se não acontecer com você, não desanime, aja do seu jeito e no seu ritmo, pois lhe garanto que tudo virá na medida certa, nem antes nem depois.

Muitos anos se passaram desde todas essas coisas que resumidamente contei a você, e hoje me defino como um Universalista que tenta compreender e respeitar, como disse anteriormente, todas as manifestações de Fé ou religiosidade.

Tento me comunicar com a essência Divina de Deus quando medito e tento transcender, quando entro em uma igreja para rezar, quando participo de uma sessão espiritual ou, simplesmente, quando entro em êxtase diante da Natureza Imponente e Majestosa.

Agradeço muito por você ter chegado até aqui e por ter tido o impulso e a intuição aguçada pela curiosidade ou, simplesmente, pela necessidade de conhecimento adquirindo uma cópia deste Trabalho.

Obrigado, mais uma vez,
Zolrak

A Quem se Destina Este Livro

Deve-se levar em conta que, além do poder divinatório e preditivo, a leitura do Ifá reintroduz e traz reflexões por meio de conselhos e orientações reunidos nas histórias, ou *Patakkíes*, por todos os valores ético-morais para o Desenvolvimento adequado e manutenção de toda Sociedade, do individual ao coletivo, e do pessoal ao geral.

A partir daí, optando por qualquer método divinatório, sejam os búzios, o *Opelé de Ifá*, o *Obi* etc., a solução e as respostas sempre terão um peso moral, levando ao reconhecimento de nossos atalhos e à obtenção de um meio para corrigir o erro, equilibrar os transtornos energéticos e liberar a luz para o crescimento e o fortalecimento espiritual. Por todos esses motivos, muitos consideram o Ifá e seus sistemas uma compilação de Leis morais, como se ele fosse (com todo o respeito) uma bíblia ou um livro sagrado africano.

Em termos gerais, e sem fazer nenhum tipo de distinção, este livro seria tão abrangente que se destinaria a toda e qualquer pessoa. Porém, de maneira mais seletiva ou específica, poderíamos dizer que ele se direciona a todos os interessados pelo Mundo Divinatório em geral, a estudiosos, pesquisadores ou curiosos, estimulados por um impulso que começa na própria essência do ser humano de querer saber, investigar e estar em contato com a realidade mais profunda do Conhecimento. Nesse caso, trata-se de um conhecimento de séculos, enraizado na civilização Iorubá, e transferido oralmente de sacerdote para sacerdote.

Dito isso, também é possível anexar à extensa lista de leitores interessados os tópicos de antropólogos e praticantes ou simpatizantes de todos os aspectos culturais das religiões afro-americanas. Como parapsicólogo, arriscaria dizer que todo pesquisador do paranormal foi fisgado por esse tema. E, naturalmente, isso dará abertura a uma faceta bastante diversa, na qual entrarão pessoas que querem ou precisam entender seu presente e revelar eventos futuros.

Quem é novo no assunto descobrirá um mundo fascinante, instrutivo e revelador ao mesmo tempo. Aconselho a todos os novatos, do fundo do Coração (pois aí está a verdade genuína da Humanidade), que consultem outra obra minha, *O Tarô Sagrado dos Orixás*, na qual há uma introdução e desenvolvimento para outra ferramenta divinatória. Com isso, entenderão melhor a essência dos Orixás e suas manifestações.

Neófitos e iniciados nesse conhecimento encontrarão neste livro uma adaptação e compreensão maior, com o *jogo de quatro búzios*, ou leitura dos quatro búzios, a adivinhação com cocos, ou Obi, e também com a *alubosa* (ou cebola).

O objetivo não é apenas a conexão com uma técnica divinatória, ou uma das mais ancestrais em termos históricos, mas também se familiarizar com cada uma das técnicas, incorporando-as de maneira prática e mental para que, ao recorrer a elas por meio de uma consulta com um *Babalorixá* (Pai de Santo) ou um *Babalaô* (Pai do segredo), a pessoa possa se preparar, se aprontar e se abrir para entender ainda mais a mensagem dos Orixás, obtendo, com total fluidez, as reflexões que o Ifá quer ou permite transmitir.

Desse modo, será uma expansão da percepção pessoal, com que, junto com o sacerdote, o vidente produzirá um resultado totalmente otimizado em que haverá um *feedback* perfeito de compreensão e revelação.

Praticantes também se beneficiarão, uma vez que as teorias e o conhecimento da Santería afro-caribenha, o Candomblé, e outras nações diferentes de cultura se combinaram para tornar estas técnicas mais completas e compreensíveis.

E, por fim, para todos os grupos religiosos, o livro será enriquecedor, uma vez que a Obra tentou aprofundar o conhecimento e traduzi-lo para um léxico interpretativo mais, digamos, "ocidental", de uma maneira simples, mas muito completa.

Artes de Adivinhação Africanas

Caros leitores, quero convidá-los para descobrir o maravilhoso mundo mágico das artes divinatórias africanas – etapas irrefutáveis para outras dimensões em que um Universo de conhecimento aguarda os que desejam percorrê-las.

Nessas artes reside uma das técnicas divinatórias mais elaboradas, com profundo alcance místico: a fascinante e cativante linguagem dos búzios, um dos temas centrais desenvolvidos neste livro.

Os búzios são os olhos, a boca e os ouvidos do panteão Iorubá, os eternos vínculos desse povo africano antigo e sábio com a Divindade. Eles representam o conhecimento que não foge à realidade cotidiana da vida; pelo contrário, está conectado com ela, tornando mais claras as mensagens de outras esferas. São níveis mais altos, em comparação com este mundo de astral mais baixo em que vivemos.

Nenhum aprendizado de arte divinatória é rápido, já que cada uma dessas artes possui seu próprio tempo de maturação e o processo pessoal de quem as está integrando como conhecimento a fim de investigar os poderes infinitos da mente e do Cosmos. Melhor seria adaptá-las a nós mesmos – sabendo como combinar de forma equivalente o mundo intangível das ideias e pensamentos com o mundo real e concreto das coisas e objetos. Uma boa predisposição para maior permeabilidade ao sobrenatural e ao desconhecido acelera esses processos.

Existe um desafio já enraizado entre nossas emoções, expectativas, sonhos, desejos, bagagens de fé e o corpo palpável. Tudo isso se une para estabelecer o melhor contato entre nossas necessidades conscientes e o que as técnicas divinatórias realmente podem nos proporcionar.

Através das artes divinatórias africanas, buscamos uma simbiose entre o racional e o irracional, e rompemos preconceitos e ideias preconcebidas que com frequência interceptam as verdadeiras mensagens do futuro.

Despertamos de um longo sonho de coerência não saudável, muitas vezes considerando não fantasiosas as coisas que somos capazes de perceber, e isso não nos permite penetrar outras dimensões de sonhos e paixões que se materializam e existem em outros planos. Dessa perspectiva, planos nascem em outros lugares válidos, conforme não nos esquecemos de nossa origem divina como criações de uma única fonte: o Criador.

E que se leve em consideração que todos os mundos – os que nossa mente concreta e real conhece e os que podemos apenas sentir – realmente coabitam e se interligam. Dessa maneira, é possível se apropriar do poder para revelar nosso passado, presente e futuro por meio de todas as artes divinatórias em uma fração de tempo.

Essas artes sempre existiram em períodos diferentes da humanidade. De forma imperceptível e quase com profunda inocência, elas abriram o caminho para que o Ser Humano alcançasse Deus em intenção e pensamento. Isso permite que a alma voe para galgar a fonte do eterno conhecimento. Apenas libertando o espírito da raiva, do medo, do ódio e da vingança teremos dado o primeiro passo para preparar nosso campo receptor.

Alheias a emoções baixas, as musas inspiradoras guiarão nossa jornada em poucos segundos a níveis elevados de profundidade mística – e, nesses raros momentos, teremos abraçado a plenitude da criação. A partir daí, o espectro de nossa percepção será delineado e o dom da profecia não será mais tão inatingível, porque teremos os segredos necessários para lidar com ele com seriedade, mas, ao mesmo tempo, com extrema humildade.

PARTE UM

História e Contexto da Adivinhação Africana

As artes de adivinhação africanas e seus sistemas – os temas deste livro – são um dos itens e premissas mais reveladores de todos. Elas são como a força motriz perfeita de um grande mecanismo de sabedoria, talento e profecia. Entre as várias delas, as que considero mais perfeitas do ponto de vista da profecia em si foram moldadas por uma antiga civilização: a Iorubá, que até hoje permanece fortalecida a despeito da passagem do tempo, protegida por cuidadosos guardiães de princípios espirituais e tão inalterada quanto a nobreza de alma de seus devotos.

Seus ancestrais, os líderes morais e intelectuais de seu sistema de planejamento e aparição no mundo terreno, sugerem toda uma estrutura solene de simultaneidade mágica em tempo e espaço. Isso molda a ideia inefável de um universo eterno palpável em nosso coração, inseparável da Humanidade e de nosso destino na Terra.

De acordo com o pensamento filosófico-religioso da cultura Iorubá, seus sistemas de adivinhação apresentam diferentes jogadas ou lançamentos de variados objetos de significado ou oferendas que representam as vozes ancestrais em formato de leitura. As almas de seus ancestrais são um vínculo para um passado divino, o ancestral e o atual, constituindo dois elos de forças que interagem juntas. É o início de um tempo em que iremos, sem interrupção, retornar após aperfeiçoarmos e dominarmos o espírito.

Cada configuração desses sistemas de adivinhação forma elos mágicos que, assim como os hieroglifos, formula respostas no alfabeto do destino.

Búzios

Entre as oferendas de destaque especial estão os búzios. De nome científico *Cyprea maneta*, eles são tipicamente encontrados na costa ocidental africana. Banidos das profundezas do mar e reveladores como a imensidão de nosso subconsciente, eles constituem o elo para nossa divindade interna como uma pequena centelha de nossos guias espirituais.

O mar acusticamente silencioso revela um som audível na terra dos Orixás, criando frases ao combinar todas as forças da Natureza, convocando-as e destacando-as em cada invocação e pedido.

Os búzios também são popularmente conhecidos na Espanha como *cauris*. No início, eram usados pelos antigos Iorubá como moeda de troca. Não apenas serviam como medida de valor monetário, mas constituíam, e ainda constituem, uma parte importante de todos os rituais e cerimônias religiosas do vilarejo, e também servem para elaborar e fabricar bijuterias, itens de uso diário, roupas e artesanatos.

Na cultura Iorubá é possível observar maior apropriação do mundo mágico-religioso por meio de suas obras de arte, nas quais, em geral, os búzios se destacam. Pode-se dizer que nenhuma atividade escapa ao uso desse tipo de concha. Eles são testemunhas imutáveis, mas ao mesmo tempo experienciais, de todas as manifestações culturais religiosas e filosóficas.

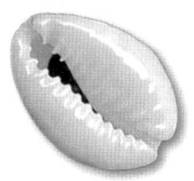

1
Adivinhação em Outras Culturas

Ao longo da história, a Humanidade vivenciou uma atração magnética pelo fascinante poder das *mancias* (adivinhações) exercidas. Como disse Cícero no início de seu *Tratado sobre a Adivinhação*, adivinhações são uma crença muito antiga e não se limitam a alguns povos, sejam eles esclarecidos e sábios, sejam de nações que não são altamente desenvolvidas, já que elas não dependem de nível cultural. Essa é a prova de que seres humanos possuem capacidade ou inclinação para a adivinhação. É impossível rejeitar a ideia de que algumas pessoas têm poderes preditivos. Essa ideia também considera o fator em potencial pelo qual seres humanos podem se aproximar da Divindade.

Adivinhação na Antiga Civilização Greco-Romana

Os romanos herdaram dos gregos, que chamavam a adivinhação de *mantiké*, uma predileção por sistemas oraculares. Eles a conectavam à Divindade, misturavam-na a vários de seus conceitos e princípios, e ela era um veículo para o verdadeiro acesso ao mundo divino. Seu nome era *divinatio*.

Esse termo revela, além disso, uma necessidade espiritual de povos mais religiosos ou que possuem maior afã interno pelo espiritual, considerando não apenas a origem, mas também o fim da existência humana, em necessidade de contato com esferas além da rotina diária e relativas à parte material da existência.

Os romanos assimilaram estruturas religiosas dos gregos. A influência helênica se refletia em Cumas (sul de Nápoles), onde se situava o centro do culto oracular da Sibila[1]. Essas estruturas se baseavam nos livros da Sibila, os quais ficaram escondidos por mais de quatro séculos na capital até serem transferidos para o novo templo de mármore de Augusto no Palatino, construído pelo imperador Augusto e dedicado a Latona[2], Diana e Apolo.

As profecias com que os livros sibilinos foram elaborados serviam de consulta para pontífices e monarcas que, em inúmeras ocasiões, enviavam representantes ao oráculo de Delfos[3]. O compartilhamento dessas crenças também se baseia na observação da crença em fenômenos naturais dos *áugures* (antigos oficiais romanos encarregados de observar e interpretar presságios para orientações em assuntos da esfera pública) e das previsões feitas por intermédio dos *auspícios* (o termo provém de "auspex", que significa vidente).

Evidências sobre atividades divinatórias ativas são encontradas em obras famosas, como o *Édipo*, de Sófocles, em que a política, o mundo civil e a sociedade se interconectavam com divindades, oráculos e adivinhos.

---

1. Sacerdotisa a quem se atribuía o dom da profecia e do conhecimento do futuro. (N. da T.)
2. Latona (ou Leto, na mitologia grega) era a deusa romana da maternidade e protetora das crianças. (N. da T.)
3. O mais famoso oráculo grego, situado em Delfos e dedicado ao deus Apolo. (N. da T.)

Apolo traz a revelação; ouve-se sua voz do Olimpo e sua resposta vai ao oráculo de Delfos. Daí, o presente, o passado e o futuro são meras peças de xadrez movidas pelas circunstâncias e eventos invisíveis. Em obras como *Ilíada* e *Odisseia*, situações semelhantes descrevem uma revelação em que a comunicação com o Divino acrescenta um toque final à expressão dessas manifestações.

Mesmo em épocas dominadas por correntes filosóficas contrárias a adivinhação e cultos, essas artes prevaleceram em comunidades, seus líderes e exércitos, assim como nos melhores momentos de fartura. A palavra *mantiké* representava o furor quase maníaco por adivinhações feitas por Pítias[4], Bacantes[5] e/ou Sibilas. Essas antigas sacerdotisas atuavam em um estado aprofundado de misticismo e êxtase celestial, e sua inspiração direta era a conexão com o sobrenatural. Para Platão, essa era a forma mais pura, talvez a mais irracional, desses métodos, mas, por outro lado, a mais divina em essência.

Há outra forma de percepção que se baseia na observação de diferentes fenômenos, como o voo dos pássaros, o estudo de sua anatomia (especialmente o fígado), o canto das aves, observar estrelas, eclipses lunares ou, mesmo, observar peixes, como se fazia na Síria ou na Lícia (atual Turquia).

A primeira dessas três formas atuava naturalmente, precisando apenas de um agente e da divindade. A segunda requeria portadores da mensagem divina, dos sinais, e capacidade para interpretá-los. Dessa maneira, gregos e romanos consultavam os oráculos e acreditavam que os deuses podiam prever seu

---

4. Sacerdotisas do deus Apolo, também chamadas pitonisas. (N. da T.)
5. Sacerdotisas do culto ao deus Baco, equivalente romano do deus Dionísio, divindade da dança, do vinho e do caos. (N. da T.)

futuro. Os oráculos eram instrutivos, transmitindo nitidamente seus desígnios.

A história nos mostra o grande valor que enriquecia a interpretação das mensagens transmitidas pelas pitonisas, uma vez que o sucesso dependia não somente da configuração das mensagens, mas também da maneira como a orientação era segmentada e interpretada, porque na maioria dos casos ela podia ser ambígua ou confusa.

Decifrar as mensagens com imprudência ou impulsividade poderia gerar grandes decepções. Perguntas eram respondidas em formato de sentenças ou vereditos, como quando o rei da Lídia, Creso, perguntou ao oráculo sobre seu destino na batalha contra Ciro. A resposta é comumente traduzida como "Sim, Creso fará guerra e destruirá um grande império.". E foi isso que aconteceu, mas o grande império destruído foi o do próprio rei da Lídia, e não o dos persas. Foi um erro de interpretação, e não do oráculo.

Dois oráculos rivalizavam em importância: o consagrado a Zeus, em Dodona de Epiro, e o de Apolo, em Delfos, uma cidade situada entre montanhas e com contato próximo com a natureza.

Aos pés do Monte Parnaso, situava-se talvez o mais importante dos oráculos: Delfos. Ali, as respostas eram atribuídas a Apolo, filho de Leto e Zeus, conhecido como Apolo Délfico por ter nascido em Delos. O "Rei do Dia", "Febo" ou "Radiante" era o dono da luz e possuía um sem-número de atributos divinos. Tal como Ártemis (sua irmã), ele aparecia em muitas representações portando arco e flecha, ou, em outros casos, uma lira, já que ele também regia as artes, sobretudo a música, e as letras.

Havia letras douradas nas paredes de entrada do templo, formando frases como "Conhece-te a ti mesmo", "Cuidado com exageros" e "Viva com simplicidade", atribuídas aos sete sábios da Grécia, conhecedores profundos de astrologia, geografia, matemática e outras ciências.

Por meio de um mito, Delfos assumiu a característica de Centro do Mundo. Delfos conta que Zeus (Comandante Supremo do Olimpo) libertou duas águias de dois lugares muito distantes um do outro para que elas se encontrassem e se descobrissem no centro do mundo. As duas aves chegaram a Delfos, onde havia uma pedra imensa chamada *ônfalo* (que significa umbigo) guardada por uma enorme cobra: Píton.

Depois de matar o monstruoso animal, Apolo ali fundou sua morada terrena. O local se tornou um dos oráculos mais concorridos, no qual a Pítia ou a Pitonisa (do termo Píton), para responder perguntas, sentava-se em frente a uma profusão de ar frio e vapores (*pneuma*) no topo de um tripé dourado atrás de amplas cortinas que a separavam dos sacerdotes, os únicos que podiam chegar perto dela.

Os frequentadores do templo deviam fazer rituais conciliatórios, considerados imprescindíveis para o propósito pretendido. Em busca de purificação, eles se banhavam nas águas límpidas da fonte de Castália e, em seguida, faziam oferendas.

As respostas vinham em forma de um frenesi abrupto e, vez ou outra, desvairado, que os sacerdotes tentavam transcrever com rapidez e praticidade, às vezes com rimas ou frases breves e curtas. Os mais sábios e experientes transcreviam as perguntas com suas respectivas respostas em pequenas tábuas de madeira que, com o tempo, constituíram um verdadeiro registro de consulentes.

As dúvidas e as resoluções do oráculo atuavam como um arquivo, aconselhando uma possível reformulação de casos ou situações idênticos e similares. Os chamados intérpretes oficiais agiam como poetas de verdade, organizando estranhas mensagens do deus Apolo que nem sempre eram transmitidas com a clareza necessária.

A deidade falava pelos lábios das Pítias como intermediárias (em estado completo de possessão) sobre normas morais, sociais, filosóficas, ou questões do Estado e política em geral.

Outros sacerdotes, os Seloi (pertencentes a Dodona), recebiam suas profecias do oráculo de Zeus. Esses sacerdotes nórdicos visavam mais os rituais de purificação, junto com práticas meditativas. Para ouvir as profecias, eles faziam rituais de queima de ervas e plantas que induziam e apaziguavam os diferentes transes que as Pitonisas transpunham.

Poderes divinatórios e especialmente inspiradores eram outorgados às ninfas e às Musas, e as Nereidas, filhas de Dóris e Nereu (que possuía o dom da profecia), constituíam as cinquenta ninfas do mar.

O sistema de oráculos não era usado somente como um modo de fazer previsões; ele também servia a outros propósitos, como no Templo de Asclépio[6]. Durante o sono, os doentes que iam ao templo recebiam mensagens divinas em que não apenas a divindade informava que tipo de doença atacava os afetados, mas também prescrevia diferentes curas.

A cura por intermédio divino também estava presente no antigo pensamento magista, em que os oráculos tinham como função ver o futuro e se integravam em um complexo dinamismo religioso.

Ao longo dos séculos, os seres humanos seguiram seu caminho. Enfrentaram seus medos, alguns os superaram e outros

---

6. Ou Esculápio, deus grego da Medicina. (N. da T.)

ainda continuam remanescentes de antigas estruturas mentais e condições sociais que travam e aprisionam. Essas estruturas fazem as pessoas hesitar e, muitas vezes, duvidar da própria capacidade psíquica. Elas as fazem se afastar da conexão Deus-Ser Humano, e, na pior das hipóteses, se transformar em seres materialistas.

Ainda que seja verdade que dons premonitórios não são para todos (porque eles são um dom divino aos escolhidos), a intuição, o desenvolvimento de capacidades mentais e o treinamento em diferentes técnicas divinatórias são ferramentas gerais ao alcance da humanidade.

A Adivinhação no Cristianismo

Voltando a levar em conta certos antecedentes, veremos que, nos livros mais vendidos do mundo (considerados sagrados pela maioria), extraímos alguns fatos interessantes. Vamos analisar alguns desses dados reveladores.

Talvez algumas das mensagens mais importantes do Além para a Humanidade sejam as encontradas na Bíblia Sagrada, em forma de comunicação espiritual.

Essa comunicação constitui prova irrefutável de fontes esotéricas que apresentam mensagens e revelações. Por exemplo, o Evangelho Sagrado de acordo com São Mateus, Capítulo 1, afirma que um anjo do senhor apareceu para José através de sonhos, comunicando a chegada de seu filho concebido por obra e graça do Espírito Santo. José, filho de Davi, não teve medo ao receber essa ordem, e deu à criança o nome de Jesus porque, de acordo com a revelação, ele salvaria homens e povos de seus pecados (Mateus 19, 20 e 21).

Sincretismo entre Cristianismo e os Orixás

Devido ao fato de a escravidão ser comum nas Américas, homens e mulheres não brancos eram obrigados a cultuar seus santos em segredo e com precaução.

Eles foram perseguidos e forçados a aceitar uma fé que não compreendiam, ao mesmo tempo sentindo cada vez mais falta de seus Orixás. Eles se fortaleciam pensando neles e mantendo a esperança de resgatar seus valores como grupo étnico. Apesar das proibições impostas pelos escravizadores, eles persistiram no culto dos Orixás escondendo-os atrás das imagens dos santos católicos romanos ou em prateleiras embaixo delas, ocultas por roupas de altar bordadas.

Assim, eles comparavam santos aos Orixás, como a força combativa de Ogum com São Jorge ou Santo Antônio etc., até que conseguiram esboçar um verdadeiro paralelo entre sua fé e concepções e as crenças do homem branco.

Muitos africanos se opõem ao sincretismo, e também há cristãos que se incomodam com a comparação.

Não considero o sincretismo uma teoria equivocada ou ilógica porque, como vimos, no início ela foi necessária, e hoje todos os valores estão incorporados e interpenetrados nos mecanismos da fé. Acredito que seja uma forma de pensamento comparativamente universal. O sincretismo constitui uma nova fé, similar, se não igual, à original, e provê um meio de aceitação. Ele é enriquecedor porque inclui novos ingredientes e temperos socioculturais. Ele se adapta aos hábitos de uma nova terra e época, e contribui com a fraternidade entre culturas.

O sincretismo é um tema de cunho profundamente emocional nas Américas, e, aceitado ou rejeitado, o fato é que ele existe. Além disso, ao que parece, quanto mais ignorado ou negado, mais forte ele se torna – talvez um eco da reação de proibições antigas.

A humanidade sempre buscou e idealizou as concepções do sincretismo – bravura admirável, beleza e justiça – e tentou absorvê-las, materializá-las. Muitas vezes elas foram procuradas em ídolos populares de diferentes ramos das artes, da política ou de outros lugares. A busca se estendeu ao mundo religioso e a tendências filosóficas que dedicavam maior atenção a questões internas, morais e/ou espirituais. Isso ocorreu desde tempos imemoriais, e continua em voga.

Em civilizações antigas, como a Greco-Romana, o sincretismo era amplamente usado para explicar origens, vitórias, derrotas e assim por diante. Agora, minha intenção é fazer uma comparação com elas, e não criar um novo sincretismo – que fique bem claro. Embora haja semelhanças em alguns casos, também há diferenças patentes entre eles.

Portanto, faremos uma comparação conceitual entre simbolismos, origens e esferas de ação, deixando de lado outros aspectos.

Observe que mais de um santo católico romano corresponde ao mesmo Orixá; isso se deve ao fato de que muitas nações africanas se estabeleceram nas Américas. Cada uma delas escolhe diferentes representações de acordo com o próprio contexto e a força do santo predominante, ou o santo mais apreciado por seus senhores brancos.

Porém, como me disse certa vez um velho negro muito querido e respeitado: "É necessário que eles venham até você e o conheçam não apenas pelo seu nome, mas por aquilo que você é e representa...".

Santos Católicos	Orixás
Santo Antônio, o Menino Jesus de Atocha, São José, São Pedro	Eleguá
São Jorge, São Pedro, São João, Santo Antônio	Ogun ou Ogum
São Jorge	Oxóssi ou Oxossi
Santa Bárbara, Santa Teresa, Santa Joana D'Arc	Iansã ou Oyá
Santa Catarina, Santa Rita, a Virgem de Carmen	Obá
São João Batista, São Marcos de Leon, Arcanjo Miguel, Santa Bárbara	Changó ou Xangô
São Lázaro, São Roque	Babaluaiê, Xapanã
Nosso Senhor Jesus Cristo	Obaluaiê ou Omulu
São José, São Benedito, São Sebastião	Osaim
São Cosme, São Damião	Ibejis
São Cristóvão, São Miguel Arcanjo	Aggayú Solá
São João Batista	Ósun
Nossa Senhora da Caridade do Cobre, Imaculada Conceição, Virgem Maria	Oxum
São Bartolomeu	Oxumarê
Nossa Senhora de Candeias, Nossa Senhora da Regra e Stella Maris	Iemanjá ou Yemayá
Nossa Senhora do Rosário	Dadá
Santa Clara	Yewá
Nossa Senhora de Carmen, Santa Ana	Nanã Buruku
São Francisco de Assis	Orumilá

Mencionamos os gregos e os romanos como exemplos históricos de duas grandes civilizações, depois, o Cristianismo como exemplo de religião predominante. Mas na verdade, como dissemos no início, todos os povos, ao longo de sua existência, dedicaram-se à adivinhação. As pessoas acreditavam que essa era a ferramenta divina que o Criador havia nos dado, e, através de fios invisíveis, ela estabelecia a comunicação com a Outra Vida. Tudo isso até hoje, em pleno século XXI, era o futuro e a esperança do amanhã. Mas ainda há muita gente que não ousa olhar para o céu, talvez um sinal de vergonha interna.

Mas Deus, em sua infinita sabedoria, enche de estrelas os olhos dos que ousam ver além. Ele renova sua fé, dá coragem e insufla sua alma de fé e esperança.

2
Iorubá e Santería

Civilização e Religião Iorubá

Essa cultura se valeu do progresso técnico sem se esquecer dos fundamentos que a conectavam com o espiritual. Essa foi, talvez, uma das premissas mais presentes ao longo de todo o seu desenvolvimento como civilização.

Em um contexto antropológico, essa sociedade seria definida como Animista. (Embora, pessoalmente, eu não goste da ideia de colocar culturas grandiosas dentro de caixinhas ou limitá-las a definições tão específicas, rotulando-as de certa forma.) Eles deram início a um ofício ativo baseado na venda e na comercialização de belas obras de arte feitas de diferentes metais.

Com base nesses dados, podemos apreciar seu alto valor sociocultural. O desempenho nessas atividades reflete seu conteúdo intelectual. É claro que seu valor artístico sempre se manifestará em uma tendência e expectativa muito claras: a transcendência religiosa e espiritual. A religião era a alma desse povo grandioso, bem como a base de sua civilização hierárquica.

A maneira de interpretar e encarar a vida se baseava no conhecimento espiritual. Nada transcendia e nada podia acontecer fora desse domínio. A alma geria tudo, e todas as coisas dependiam de uma alma-mãe. O poder da plena convicção da fé era a arma entalhada, perpétua e jamais hesitante de sua civilização.

Concepções religiosas e artísticas eram, e são, a mesma coisa, e tudo girava ao redor delas. Trabalhos esculpidos em metais, madeira, pedra, joias (pulseiras, anéis e colares), e também bastões e cetros, eram concebidos e criados a partir de uma revelação mística.

Seus emblemas religiosos eram vistos em facas, lanças e espadas, bem como em esplêndidos entalhes em mármore, gravações em couro e trabalhos em lonas. Todos os trabalhos eram forjados para a busca e a perpetuidade de um conceito que parecia universal: a imortalidade da alma.

Em todos esses formatos, o uso dos búzios raramente ficava de fora, seja como medida de valor, seja quando já consagrados como bastiões de poder ou representantes de forças místicas combatentes que protegeriam de ataques quem os possuísse. Assim, a concha era a linguagem das Deidades em sua vida cultural e social.

Sua religião, baseada em um complexo sistema de trocas entre o cosmos, a natureza e o indivíduo, representa a simples adaptação do ser humano e a roda existencial da vida. A adivinhação sempre constituiu uma parte muito importante no cerne da jurisdição religiosa.

Poderíamos defini-la como evidentemente mágica, poderosa, cativante, dominante e mística por excelência. Ela abre os portais para a comunicação espiritual, despertando os poderes latentes da Humanidade e as ferramentas indispensáveis para nossa evolução.

Os Iorubás acreditavam em seres sobrenaturais, poderosos e sagrados, de uma grande causa primeira. Esses seres, a quem denominavam Orixás, puras energias de luz, colaboravam desde o início com os desígnios de Deus Todo-Poderoso, a quem chamavam Olorum – uma criatura energética reluzente e sem forma, onipresente, onipotente e onisciente.

Olodumaré, outro nome de Deus, "o início sem fim", o começo do começo, Criador do Universo e de todas as coisas vivas aí encontradas, governava o Orum (o outro Mundo) controlando os preceitos da eternidade sem fim.

Deus, tão distante da concepção da mente humana, estava presente na fé e nos sentimentos da cultura dos Orixás, que vivem e habitam todos os lugares naturais (o mar, o vento, trovões, rochas, pedras, chuva, lagos, cachoeiras, rios, plantas, árvores etc.).

Cada um deles exerce influência sobre qualidades humanas, destacando-as e reforçando-as. Assim, surgiu a voz do trovão na figura de Xangô, regente da Suprema Justiça. Ou a feminilidade de Oxum nas correntes de água fresca, a deidade do amor, a Afrodite do Panteão Iorubá. Eles reconheciam as dádivas protetoras da Mãe Natureza, incorporando-a como um fator essencial em todos os elos da vida, respeitando-a e considerando-a a grande mãe.

Sua concepção filosófica reside na crença de que todas as coisas estão vivas – mesmo as aparentemente inertes, imóveis ou de frequência vibratória supostamente baixa. Até nelas existe vida, talvez em um estágio mais tardio de evolução, lento ou imperceptível. Tudo isso faz parte de um consenso energético geral que reportará suas ações e seu desenvolvimento neste mundo no instante preciso e imprescindível diante do Criador.

Os Iorubás acreditavam em duas leis universais e justas: a Lei do Karma e a Lei da Reencarnação. Eles fundamentavam sua civilização sob essas duas concepções, tentando superar dificuldades terrenas sem esquecer o espírito (o fabricante de todas as coisas, a força motriz do corpo, a essência viva em si). Eles tinham que cuidar desse espírito, na intenção de tornar sua estadia neste Mundo a mais "correta" possível, ao tentar ampliar suas boas ações e eliminando erros de vidas anteriores.

Para que seus espíritos voltassem a vibrar em uníssono na luz criadora, atingindo dessa forma sua evolução completa, eles não temiam castigos eternos nem acreditavam em um inferno devastador, pois sabiam que as pessoas infligiam punições a si mesmas.

Deus simplesmente nos permite usar a mais importante condição humana: o livre-arbítrio – e, através dele, o exercício de nossa própria liberdade individual. Dessa maneira, eles conceitualizavam a vida respeitando a natureza, trabalhando para aprimorar a própria alma, honrando e considerando com extremo respeito os mais velhos e ancestrais, e educando as crianças, desde pequenas, com conceitos místicos e esotéricos, de modo que a concepção mágica das coisas era tão natural quanto a respiração, necessária e incontrolavelmente autônoma.

A Religião Iorubá nas Américas

Essa religião se estabeleceu por meio de uma das formas mais desumanas de submissão: a escravidão, o ato mais aberrante e incompreensível que uma mente pode conceber, a mais desafiadora das paixões torpes, a pior das sensações e, talvez, a falha mais grave da alma humana.

A escravidão adquiriu novas forças nas Américas, baseando-se sobretudo em antecedentes legais antigos e dolorosos.

Por volta do século XV, Espanha e Portugal tinham uma política expansionista baseada em interesses escravocratas. Os Açores e as Ilhas Canárias se tornaram o elo entre a África e a Península Ibérica, aumentando a frequência do tráfego de navios entre esses dois destinos.

Considerando que a escravidão era muito mais interessante que o comércio existente e intensivo baseado em ouro, outros metais e grãos, houve vários motivos para seu aumento, entre eles:

a. Solicitações feitas por pessoas de suma importância e peso político.
b. Novos conselhos estabelecidos no novo continente.
c. A necessidade de mão de obra gratuita em busca de ouro e minas de cobre, bem como para as plantações de algodão, açúcar e outras.

Também se consolidou a crença de que o trabalho de homens negros era mais produtivo que o de nativos americanos porque rendia muito mais e se exauria muito menos. Outra das chamadas causas era o sistema de regalias e exceções desfrutado pela maioria de líderes expedicionários e seus comandantes. O rei da Espanha e o Conselho das Índias também os isentavam de pagar taxas pela entrada de escravos pessoais, que aumentava ainda mais o tráfico.

Oficiais (inclusive governadores, vice-reis, religiosos e/ou administradores de províncias) não podiam vender seus escravos. Na realidade, a proibição raramente era respeitada, e minimercados de escravos foram criados em regiões distantes.

Outra concessão que contribuiu para isso foi a inabilidade de libertar os escravos negros. Esses fatores, ao lado de outros de ordem social e econômica, ampliaram esse sistema. No início, o epicentro da atividade expansionista foi estabelecido nas Antilhas. Desse arquipélago, foram manipulados os segmentos de uma nova estrutura econômica, abrindo caminho para um sentimento escravagista. Os povos indígenas – nativos americanos – diminuíram com o passar do tempo, tornando cada vez mais necessário recrutar mais mão de obra. Portanto, a importação em larga escala de escravos negros ocorreu de maneira explosiva e insustentável.

Ela era feita de duas formas diferentes: diretamente da África para as Américas, ou de centros de distribuição para mercados consumidores específicos. Ainda que houvesse maior estrutura de trabalho, isso não queria dizer que havia um sistema fiscal ou aduaneiro.

Apesar desses controles que serviam como base para estatísticas atuais, eles realizavam um meticuloso comércio contrabandista que tornava impossível saber com precisão a quantidade de navios ou de escravos. Portos como o de Havana, Cartagena e Veracruz eram os mais usados para desembarque de escravos nas Américas. Também havia paradas frequentes nas Ilhas Canárias para pegar provisões. As regiões africanas saqueadas se expandiram do norte do continente para o sul, dependendo de seu foco de extração.

De acordo com a fonte das autoridades espanholas, os escravos eram classificados como:

a. Escravos do Levante, detentores de grande influência islâmica provenientes da região da Mauritânia.
b. Escravos dos rios de Guiné, a região de mesmo nome, ou Cabo Verde, muito apreciados por holandeses, portugueses e britânicos.

c. Escravos de Serra Leoa, que vinham do sul da região antes pertencente à Costa do Ouro.
d. Escravos da região de Angola, denominados "Casta Angola", também conhecidos como Loandas, Benguelas e outros nomes.
e. Escravos da região conhecida como Índia Portuguesa, costa leste da África, Filipinas, Arquipélago Malaio e regiões da Índia.
f. Escravos de Moçambique e Bantu (Cafre).
g. Escravos do Congo.
h. Escravos de São Tomé.
i. Escravos de Terra Nova.
j. Escravos de Novos (das ilhas de São Tomé, regiões do Congo e de Camarões).

Os escravos eram vilipendiados e transportados como animais, sem respeito à sua condição humana. Homens de sabedoria infinita eram enviados de navio de uma forma cruel e desrespeitosa. Lutadores, guerreiros implacáveis, artistas fantásticos e sacerdotes poderosos eram empilhados como objetos.

Comerciantes de escravos não se importavam com suas almas, ideias ou sonhos. Eles não tinham direito a nada, nem mesmo à própria vida, e estavam nas mãos dos escravizadores. Escravos eram sinônimo de dinheiro, que gerava trabalho e progresso para seus proprietários. Os mais jovens e mais fortes eram mais desejados, porque produziriam mais e comeriam e dormiriam menos. Também suportariam mais a inclemência do clima, as chicotadas e os castigos abusivos.

Seus gritos de desespero ficavam presos na garganta enquanto o chicote lhes marcava a pele queimada de sol. Em seus olhares e no coração triste estava a fé nos Orixás e na convicção de que esse enorme pesadelo terminaria.

E assim aconteceu. Suas forças e guias espirituais não os abandonaram em momento algum. Eles atendiam a cada um de seus pedidos e a cada uma de suas súplicas. E, com a paciência e a resignação que só a sabedoria traz, eles trabalharam com esperança e bondade por seus irmãos.

E, apesar das proibições impostas por seus senhores, eles continuaram a cultuar suas Divindades camuflando-as num sincretismo religioso, rico em comparações e poderoso em concepções, como único meio viável de dar continuidade a suas práticas religiosas. A evangelização os ajudou a descobrir os elementos doutrinais que serviram para adaptar os pontos fortes necessários para o novo culto.

O sincretismo foi mudando por toda a América por causa da popularidade dos santos católicos que predominavam nas diferentes regiões. Assim, o escravo começou uma longa peregrinação, em que sua fé nos Orixás granjeou respeito pelos chamados *Santos*, fazendo os paralelos habituais.

Com todo esse cenário doutrinal-religioso, os primeiros videntes que desembarcaram na América prontamente ensinaram a seus seguidores o conhecimento ancestral da sabedoria infinita sobre premonição e os diferentes mistérios do Destino.

A Importância de Símbolos Mágicos, Constelações e da Natureza em Revelações Místicas

Três Sábios do Oriente chegaram a Jerusalém na época do rei Herodes. Eles perguntaram onde estava o recém-nascido rei dos

Judeus: "Porque vimos sua estrela no Oriente e viemos adorá-lo" (Mateus 2:2). Eles estavam em busca da criança que se tornaria o mais poderoso e o mais humilde dos reis.

Os sacerdotes e os escribas mais importantes da cidade foram convocados por Herodes. Aqueles que afirmavam que ele nasceria em Belém de Judeia disseram que isso foi "escrito" pelo profeta.

Então, convocando os sábios em segredo, Herodes lhes indagou a hora exata em que a estrela apareceu. Ele lhes pediu que, tão logo encontrassem a localização, o notificassem rapidamente, pois ele também amaria essa criança. A estrela guiou os sábios, marcando o caminho à frente e parando onde Jesus estava, "E, ao verem a estrela, eles se regozijaram com grande alegria" (Mateus 2:10).

Quando viram a criança perto de Maria, eles se ajoelharam e a veneraram, oferecendo-lhe três presentes mágicos: ouro, mirra e incenso. Mas seus sonhos profetizaram que eles não revelassem a Herodes sua descoberta, e voltaram a sua terra por outro caminho.

Depois que eles partiram, José teve mais um contato com um anjo através de sonhos, que lhe disse: "Levante-se, pegue o menino e sua mãe, e fuja para o Egito, e fique lá até eu mandar, pois Herodes vai procurar o menino para matá-lo" (Mateus 2:13). E assim ele fez, fugindo para o Egito.

Ele permaneceu nessa terra mágica até saber que Herodes havia morrido "para cumprir o que o Senhor disse por meio do profeta, que falou: 'Do Egito eu chamo meu Filho'" (Mateus 2:15). Herodes mandou matar todas as crianças menores de dois anos em Belém e regiões vizinhas, de acordo com o tempo calculado pelos sábios.

Mais uma vez, a profecia e os dizeres de um profeta se cumpriram. Assim, Jeremias disse: "Em Ramá se ouviu uma voz, lamentação e grande pranto, Raquel chorando por seus filhos e sem querer ser consolada por terem perecido" (Mateus 2:18).

Outras vezes, a mensagem do anjo é recebida e compreendida por José através da adivinhação em sonhos, já no Egito. Então, ele, "alertado por revelações em sonhos, foi para a região da Galileia" (Mateus 2:22), vindo para a região de Nazaré "para que se cumprisse o que foi dito pelos profetas: ele será chamado Nazareno" (Mateus 2:23).

Quem duvidaria ou questionaria o valor divinatório da estrela pertencente à constelação de Cassiopeia que guiou Melchior, Gaspar e Baltazar? Ninguém pode negar a precisão clarividente de grandes profetas bíblicos ou as mensagens oníricas dos anjos de Deus.

Em relação a estas últimas, São Tomás de Aquino as reafirmaria, reconhecendo a veracidade e o caráter legítimo da adivinhação onírica ou oniromancia. Na obra *Summa Theologica*, ele escreveu que Deus revela seus desejos à Humanidade. No Velho Testamento, encontramos o costume que o povo Hebreu tinha de consultar o senhor por meio do Urim e do Tumim, que consistem, basicamente, em lançar ou consultar a sorte. De maneira similar, eram feitas consultas com pessoas capazes de se comunicar com o mundo espiritual, que tinham visões premonitórias e reveladoras usando um simbolismo rico em expressões metafóricas.

Em Israel, os adivinhos eram conhecidos *Nabhi* (os chamados seres), inspirados pelo sopro Divino. Grandes profetas como Isaías, Jeremias, Ezequiel, Miqueias, Sofônias, Oseias, Elisha, Elias e outros lotam páginas repletas de misticismo, e alguns deles previram a invasão da Babilônia, a devastação de Judá e muitos outros fatos confirmados.

Portanto, verificamos em culturas diferentes como a necessidade de contatar a Divindade por meio de emissários, figuras diversas, anjos, adivinhos, profetas ou médiuns, direta ou indiretamente, sempre existiu. A Humanidade não queria se sentir só, e, necessitando de companhia, foi em busca da infinita proteção de ser reconhecida e aceita através de diferentes comunicações espirituais, obtendo as respostas necessárias às dificuldades impostas pela própria vida.

E essas respostas vieram, não importa como, com que vozes, meios ou formato. A verdade é que elas chegaram, e, com isso, sentiu-se que a criação estava se aprimorando. E do continente negro, primeiro para as Américas e depois para o restante do Mundo, veio a ferramenta mais mágica de uma civilização que já mencionamos, a Iorubá.

Essa ferramenta, a arma pacífica das almas livres, era, e é, a adivinhação. Ela se tornou o centro e o eixo-guia de uma cultura e filosofia. Por toda a América e como forma de unificação, ela é conhecida como *Santería*, ou a linhagem filosófica-religiosa que une todos esses conceitos.

A Adivinhação na Santería

A adivinhação chegou às Américas da forma como era praticada na África, mas hoje leva o nome de Santería ("culto a Santos", ou Orixás). Ela é tão rica e abrangente quanto complexa. É tão ampla e variada quanto natural, porque parte da crença dos antigos africanos era de que em todo ato criativo da Divindade havia um sopro de vida e uma mensagem oculta que os humanos deveriam revelar. O selo indiscutível, o paradigma mais fantástico que ela contém, chama-se "letra", ou *meji* (veja ilustrações no apêndice). Mas o que um meji representa?

A ação denominada "gravação de uma letra" sela o compromisso da determinação de um *Odu* ou *Ordun*, cada uma das diferentes leituras e/ou lances determinados no Ifá ou no Dilogun, fazendo surgir, com isso, a verbalização de provérbios e das mais fantásticas lendas, algumas das quais passaram a ser os maiores mitos das histórias dos Orixás. Eles são uma das bases da adivinhação que apresentamos neste livro.

Expressões e frases curtas afirmarão com muita segurança o futuro do consulente, e as causas que o provocaram serão contadas em cada um dos Odus. Cada história traz aprendizado e experiência, e cada ensinamento sábio prediz a boa sorte ou os perigos que estão à espera.

Os Orixás aparecem, revelando-se em seu panteão com imenso poder místico, e, junto com outras figuras importantes, contam histórias que exemplificarão de forma simples, mas profunda, os Odus do *Dilogun*, o ato de usar búzios consagrados como meio de adivinhação. O termo é uma abreviação de Merindilogun.

Cada um desses símbolos reconhece uma ou várias histórias importantes chamadas *patakkíes*, histórias de lendas e mitos relativos aos Orixás, que enfatizam as virtudes humanas, abordando-as e sempre deixando um ensinamento ou uma opinião em nossa consciência e nos fazendo reconsiderar até os exemplos mais simples.

Com seriedade e magia, os Santos ou Orixás compartilham o cenário de ação com homens comuns, governantes, seres inanimados, plantas, animais. Tudo ganha vida. O poder do Animismo aumenta e adquire um sentido indescritivelmente rico.

O sacerdote, um mergulhador experiente na arte de se aprofundar e se aventurar para descrever o destino das pessoas, falará, ao contar histórias, com precaução extra e acrescentará às suas palavras um toque cerimonial inconfundível. Ele terá a missão difícil, mas não impossível, de se lembrar do patakkí necessário sem confundi-los. Ele saberá que tem a responsabilidade de transmitir, com precisão, nada mais e nada menos que muitas das histórias dos Orixás.

De maneira extravagante ou não, em alguns casos com maior sincronicidade e vez ou outra com expressões mais ricas, você sempre deve respeitar cada símbolo, pois todos eles falam por si sós ao representar o conhecimento antigo e a sabedoria de seus ancestrais.

Quem consulta os búzios não apenas ouvirá a descrição da história, mas também de que modo se poupar de possíveis perigos no futuro, riscos atuais, ou como aumentar ou garantir felicidade e bem-estar.

As Deidades do Panteão Iorubá falam por meio das conchas, e apenas o sacerdote preparado para esse propósito pode fazer interpretações da maneira estruturada por cânones religiosos. Nenhuma outra pessoa pode manejar as conchas consagradas, pois, além de ser má conduta grave, ela também não estaria capacitada para isso por não ter o *Ashé* necessário – ou seja, a força, graça ou poder, também pronunciado e/ou escrito Axé, Aché, Ashé –, estando, dessa forma, incapacitada a receber uma resposta verdadeira.

Não se pode comprar o Axé. Ele será obtido com muitos anos de treinamento e aprendizado, com grande humildade e sacrifício. Na antiga África, desde o nascimento de uma criança, consultavam-se Oráculos para revelar seu futuro e como ela se sairia na sociedade. Poucas eram escolhidas como videntes e menos ainda eram ordenadas sacerdotes ao longo do tempo. As Deidades respondiam e faziam escolhas de acordo com o destino de cada criança. Mesmo entre os sacerdotes, havia ocupações diferentes de acordo com seu Orixá de cabeça atribuído. Havia curandeiros, herbalistas, os que preparavam todos os ornamentos mágico-religiosos, e assim por diante.

O sacerdote preparado, o verdadeiro, sabe que toda leitura ativa um mecanismo sagrado, não profano. Esteja ciente de que essa é a ponte e o mediador por um breve momento entre o mundo real e tangível e o outro mundo, distante e invisível, mas tão real e verdadeiro quanto o palpável. É por isso que ele se prepara para cumprir dignamente seu papel, estudando, analisando, aprofundando os ensinamentos recebidos dos mais velhos, e tentando reunir todo o material necessário para manter a consciência limpa, a fim de evitar perder seu verdadeiro Axé.

Por conta disso, seu campo vibracional e espiritual é muito importante. Preservá-lo permite aventurar-se no campo das demonstrações paranormais usando invocações, orações e pedidos que se aproximam e se conectam com a centelha interna divina de seu Orixá regente. Ao fim e ao cabo, esse relacionamento atinge expressão máxima quando o processo se vincula com o Divino.

Em geral, certa quantia estipulada pelos acordos é paga ao vidente, o que é justo e merecido se considerarmos que se trata de seu trabalho, tempo e profissão. Porém, como diz o ditado popular entre os Santeros, "Quem serve ao altar, dele tira seu sustento.". Como em qualquer outra religião, o fiel vai cooperar e oferecer ajuda monetária em busca de ajuda mágica para resolver seus problemas, sejam materiais, sentimentais, espirituais ou outros.

É necessário deixar claro que o sacerdote é obrigado, moral e religiosamente, a pagar pela leitura de quem não possui recursos financeiros, assim como de quem não pode bancar os materiais necessários para fazer o *ebó*, oferendas e trabalho mágico indicados. O verdadeiro sacerdote sabe que a verdadeira recompensa se encontra em outros mundos de existência, em outros planos, e existe uma lei de compensação que o cobre e protege.

Essa lei é universal e está correlacionada à lei do Karma. Ou seja, ela governa a todos, portanto, os consulentes devem ser honestos e sinceros, sem barganhar com essas situações, privando pessoas que realmente não têm condições de pagar pela visita ou fazer limpeza espiritual.

É importante ter em mente que, nos diferentes avatares do mundo da magia, sabe-se que sempre – e, nesses casos, de maneira representativa – é bom deixar ao menos uma moeda; assim, teremos cumprido simbolicamente nossa tarefa.

Sem dúvida os Orixás lhe darão mais tarde a oportunidade de comprar um buquê de flores, óleo para deixar a lamparina acesa por vários dias, ou qualquer outro pequeno presente que mostre sua gratidão pelo Quarto Sagrado (local consagrado que o Santero mantém como abrigo ou lar de seus santos). Independentemente do porte da oferenda, os santos a receberão com o mesmo amor e a mesma gratidão com que receberiam um presente maior. Lembre-se de que, no campo espiritual, o que vale é o sentimento.

Na verdade, o direito ou o pagamento pela consulta é sempre pequeno se considerarmos que, metaforicamente falando, uma vez que o chamado aos Orixás acontece, começará a jornada entre o Além e nossa dimensão da maneira mais extraordinária do que qualquer mente pode conceber.

Principais Atributos dos Orixás Mais Cultuados

Cada um dos Orixás tem um atributo especial, um certo *Ashé* (graça ou poder) pelo qual ele exerce seu poder, ação ou desígnio. Eles colaboram com a vontade do Soberano, de Deus Todo-Poderoso. Como reflexos da infinita Sabedoria e Inteligência divinas, eles representam os vínculos irrefutáveis e necessários na corrente representativa da evolução espiritual da Humanidade.

Seria possível dizer que todos os mecanismos interconectados da vida neste mundo se devem à ação criadora dos Orixás. Em certo sentido, os Orixás são a própria natureza, enquanto a humanidade é o componente mais importante do reino animal. Pelo fato de os humanos serem uma das etapas mais necessárias na roda da evolução, eles possuem uma fusão espiritual com os Orixás que vai além do pensamento racional.

Por conseguinte, os Orixás são seus anjos da guarda e protetores espirituais que lidam com mecanismos complexos, como o representado pela conexão espírito-mente-corpo, para acompanhá-los em sua vida como seres encarnados na Terra. Mas seus atributos não se concentram apenas no espiritual; eles também têm influência na vida material, atuando como cuidadores e auxiliadores, para que as pessoas possam corrigir e resolver suas necessidades físicas e/ou materiais. É conhecida a premissa de que um corpo bem-cuidado, saudável, livre de vícios, doenças e perigos é o lugar perfeito para acomodar o espírito.

Dessa maneira, a alma ou espírito dos seres humanos pode cumprir uma lei superior e universal, a Lei da Reencarnação, pois supera, evolui espiritualmente e repara erros e falhas pregressas cometidas em outras vidas neste planeta.

Cada um dos Orixás representa uma virtude, dádiva ou qualidade, e oferece proteção que exalta um sentimento especial. Eles também destacam, nos seus filhos espirituais ou protegidos, um arquétipo psicológico e lhes conferem certo tipo de estrutura física. Muitas vezes, para o bom observador ou um religioso experiente, é muito simples definir os guias espirituais de alguém de acordo com traços faciais, musculatura, estrutura corporal, e condutas morais e espirituais.

Nesses casos, dependendo da experiência ou do bom julgamento, não há resposta cem por cento correta. Quando se quer determinar os Orixás que correspondem a uma pessoa, a saber, o Orixá guia, que conduz sua cabeça, ou comumente conhecido como Anjo Guardião, os Orixás são aqueles que decidem por intermédio das conchas consagradas.

Os elementos da Natureza estão sob as ordens dos Orixás. Eles têm uma ou várias plantas, flores, árvores etc. em que baseiam seu Axé e também são representados por pedras e produtos naturais, como o mel usado em rituais e oferendas pertencentes a Oxum.

Assim, Eleguá se torna o vigilante cuidadoso e leal, protetor e guardião de todas as portas e entradas de casas, lojas, aldeias, cidades grandes e pequenas. Ele é o especialista em abrir portas em relação a empregos, carreiras ou profissões.

Ogun e Oxóssi, os bravos guerreiros, lutam simbolicamente com suas espadas, arcos e flechas contra todas as formas de maldade, feitiçaria ou qualquer outro tipo de submissão espiritual.

Iansã ou Oyá, a deidade dos ventos e detentora do raio que lhe foi dado por seu marido, Xangô, triunfa em qualquer competição complicada e áreas que outros acham difícil adentrar, como os campos sagrados, onde, com seu *Eruexim*, ela direciona e controla as almas. Um Eruexim é um espanador feito de crinas de cavalo Babaluaiê ou Omulu para buscar a cura, receber conforto físico, reduzir a dor, estancar feridas, confortar o corpo etc.

Para resolver os casos de amor mais complicados, Obá se transforma em um amante sofredor, que sacrifica a si mesmo.

Xangô é o campeão da Justiça Divina para resolver processos, julgamentos, formalidades, burocracias etc., ou simplesmente para fornecer abrigo sob sua túnica da justiça.

Ossain é o dono de todas as folhas, ervas, flores e plantas. Ele conhece todos os segredos e poderes de cada parte e cada um dos componentes do reino vegetal.

Ibeji protege as crianças até chegarem à adolescência, e também os que recuperam a inocência e a simplicidade dando ênfase a valores humanos elevados.

Aggayú Solá é o protetor dos motoristas e dos pedestres.

Ósun faz parte do quarteto dos chamados guerreiros de Santería (ao lado de Eleguá, Oxóssi e Ogun). Ele é um vigilante fiel, incorruptível e incansável em sua tarefa.

Oxum é a deidade do amor e representa a doçura.

Iemanjá é a mãe protetora e guardiã dos lares.

Oxalá ou Obatalá, o pai soberano, é justo, redentor, gerador de paz e amor.

Cada um deles cumpre sua árdua missão, tentando transmutar dor em alegria e felicidade, a fim de que a humanidade possa cumprir sua passagem pela encarnação para que, daqui a relativamente pouco tempo, todas as almas possam vibrar em uníssono com a perfeição e em completa harmonia com o Criador.

3
Ifá

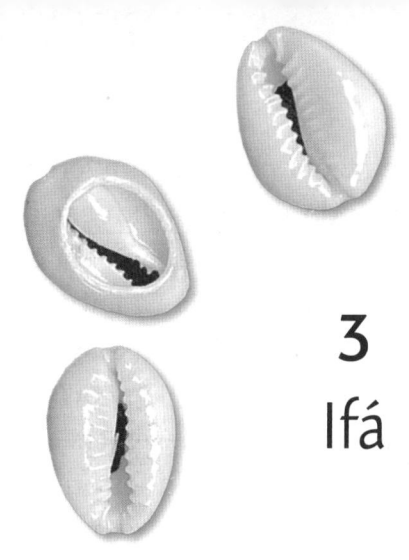

Presença de Ifá

A manifestação de Ifá está presente através de suas palavras (Ofó), que, por sua vez, são constituídas de lendas, mitos ou histórias (Odus) e invocações e orações prévias com o poder (Axé) que autoriza o Awo Ifá (professor ou vidente de Ifá) a conectar e comunicar o mundo das Deidades e espíritos com o mundo dos humanos.

A representação de Ifá na Terra se restringe ao espaço sagrado delimitado pelo Opon de Ifá ou quando o Merindilogun é usado pelo círculo mágico formado pelos diferentes colares dispostos sobre a mesa, tapete ou tecido em que o sacerdote suplica e transcende com seus dizeres, em uma unção entre a Fé e sua voz. Ifá estará presente através dos diferentes veículos para transmitir sua Sabedoria. Quando necessário, o vidente recita os "Ese" (versos) correspondentes ao início da leitura durante os diferentes rituais ou quando exigido por seu aparato psíquico receptor para conseguir manter contato mediúnico-psíquico com a Divindade.

Enquanto que para a leitura com quatro peças de Obí é necessário apenas ser iniciado, porque a responsabilidade envolvia os ancestrais que geralmente fazem parte do universo pessoal do consulente, é diferente quando dezesseis Ikines são manipulados ou manuseados, uma vez que eles adentram o sistema de Dafá. Nesse caso, é essencial que quem faz a leitura seja um sacerdote dedicado a Ifá e considerado, dentro da gama sacerdotal, alguém de nível mais elevado que o de Babalorixá, que em geral consulta os búzios de quatro, oito ou dezesseis conchas.

Os dois sistemas de adivinhação, por Ikines ou Opelé, são reservados para homens detentores do título de Awo (videntes) ou Babalaôs (Pais do segredo.) No entanto, as mulheres também ocupam uma posição importante no culto a Ifá, recebendo a denominação *Apetebi*, que no início, na África, geralmente eram as esposas dos videntes.

Inicialmente, mulheres também tinham restrições para fazer consultas com conchas. As que podiam desempenhar essa função tinham de ter Oxum Yabá Omi como Orixá de cabeça, a mais ancestral de todos os tipos de Oxum, e, sendo Apetebis, elas agiam como sacerdotisas próximo ao Babalaô.

Hoje em dia, sacerdotisas ou sacerdotes podem consultar o Dilogun quando trabalham com conchas. Uma das histórias sobre o papel das mulheres como parte ativa no processo de adivinhação nos conta sobre quando Iemanjá, casada com Orulá, adquiriu fama como adivinha na ausência do marido. Quando Orulá estava ocupado visitando outras terras onde precisavam de seus serviços, Iemanjá se encontrou sob uma obrigação moral de atender às insistentes solicitações dos antigos pacientes do esposo. Após um período coabitando com Orulá, e por causa de sua sensibilidade e dons humanitários, sua habilidade se desenvolveu com o Oráculo e a rainha dos oceanos se tornou uma ótima vidente.

Apesar de Iemanjá ter se recusado várias vezes a se aventurar no trabalho delicado de Orulá, as pessoas se amontoavam e aguardavam longas horas atrás da porta. Após atender o primeiro cliente, ela não conseguiu recusar ou descansar. Seu prestígio percorreu todos os vilarejos até sua fama chegar aos ouvidos de Orulá, que não conseguiu acreditar no que estava acontecendo. Não conseguindo aceitar o que diziam, ele voltou para casa. Ao chegar, viu uma longa fila de pessoas que pareciam ter vindo de longe, de pé em frente à casa, esperando horas e horas para ouvir sua consulta da boca da vidente.

Quando Orulá entrou em casa, sem esperar que Iemanjá terminasse seu trabalho, ele a interrogou duramente. Ela tentou fazê-lo perceber que nunca quis tomar seu lugar, muito menos se tornar uma vidente de verdade. Orulá, completamente ofendido, não entendeu a situação, e a discussão chegou a tal ponto que culminou em separação. Os dois concordaram que, após o ocorrido, era melhor cada um seguir seu caminho.

Essa lenda exemplifica o papel preponderante do homem no Ifá. Em termos hierárquicos, eles seguem o Babalaô no culto do Ifá, o Olúwo, a quem todos obedecem, e o Odofim e o Aró, respectivamente. Nessas hierarquias, leva-se em conta a posição e a fama dos adivinhos ou assistentes para dar início às orações e invocações. A quantidade de anos de experiência em ambas as posições tem papel importante.

O Axé de Ifá

O Ifá se expressa no céu, no ar e na terra. Seu voo inspirador compreende a alma dos grandes visionários e profetas, inspirados em todos os tempos e que, com delicadeza extrema, podem prever acontecimentos que vão além de estruturas materialistas.

O Ifá compartilha seu conhecimento com os sábios de espírito, com quem possui como missão conseguir intepretar os desígnios do destino, labirintos insondáveis para os de alma comum. Seu caminho reflexivo implica o conhecimento supremo do ser, do interior até esferas exteriores, de modo que ele pode contemplar as coisas e extrair sua verdadeira essência. Só assim eles saberão compreender os acontecimentos e revelar os próprios símbolos.

Seu campo de visão é ilimitado e atemporal, mas pode ser traduzido como um todo abrangente com imenso poder de compreensão. Na maioria das representações imagéticas, ele está vinculado a aves, como nos variados tabuleiros de Ifá. A presença dessas aves é quase sempre inalterável, relacionando-as às forças femininas e ao lado Yin existente na natureza.

Acredita-se que Orumilá se apropriou dos segredos de Ifá, graças à sua esposa, caracterizando Odu. A mensagem dele chega à Terra depois que o vidente, segurando seu *Iroké Ifá* (peça própria para adivinhação), bate no *Opon Ifá* (bandeja para adivinhações) previamente salpicada de *Irosun* (pó sagrado), fazendo-se as demarcações cujas combinações configuram as leituras.

O Iroké Ifá, geralmente entalhado em mármore, é um dos elementos indispensáveis para o trabalho do vidente com o qual ele solicita o auxílio de Orumilá, invocando-o com toques suaves feitos ritmicamente com a ponta do Iroké no Opon, com cuidado e cerimônia.

As hastes medem de vinte a trinta centímetros, e contêm entalhes elegantes e belos de mármore que descrevem o sentimento religioso e um sistema místico elaborado. As imagens representadas desempenham um papel preponderante.

Outros materiais, como madeira, bronze, pequenos pedaços de vidro e contas de cores diferentes conferem rigor cerimonial em sua implementação. O Iroké se torna uma ferramenta de poder real, como um minúsculo bastão de controle, pelo qual o Babalaô reorganiza energias que propiciam cada momento mágico, de modo que cada força entra em ação no momento exato e necessário. É como abrir canais que permitiriam ao espírito Ifá penetrar todos esses processos.

Sua estrutura contém três partes distintas, relacionadas à dinâmica mencionada acima.

A primeira parte se situa na ponta e não possui nenhum entalhe, e, assim como a extremidade, moldada na forma de prego ou cone, torna-se mais apurada no processo de percepção extrassensorial. Essa parte, chamada *Ori*, é a mais sensorial de todas, porque se conecta diretamente com o processo de adivinhação. Ori é a cabeça do Iroké, e está intrinsecamente relacionado com o destino. Dentro dessa configuração estão o *Ori Odê*, a parte cônica visível, e o *Ori Inu*, que significa "cabeça interna". Ori Inu é a alma ou essência que governa o comportamento e a personalidade do pensamento abstrato, e é invisível ao olho humano.

O Ori Inu seria escolhido com antecedência pelo ser humano antes de reencarnar, de modo a aceitar as condições de seu Karma, encarregando seu *Emi* (espírito) a liderar seu *Ara* (corpo) por searas seguras e abrigar a alma em condições salubres, prometendo cuidar dela, respeitar sua vida e atender ao processo de limpeza espiritual na Terra.

Aqui, o Ori Inu regula a atividade psíquica das pessoas relacionada aos processos mentais de abstração e pensamento. Por esse motivo ele é considerado a cabeça interior, ou a parte sagrada, e em termos hierárquicos se situa acima do Ori Odê.

Essa ação prevalecente, em certo formato de superioridade, chama-se *Ayanmó* e representa o acordo entre ambas as partes de viverem juntas em harmonia. Ou seja: "O que está ligado de forma fixa um ao outro".

Essa é a parte mais efetiva do Iroké e a que contém os mistérios da adivinhação. Ela tem vida própria e capacidades autônomas para direcionar, de seu epicentro, a canalização das forças inspiradoras – para captar as centelhas divinas que revelam a presença de Orumilá.

A ausência de imagens na parte superior é uma grande atração visual, e oferece com mais veracidade a ideia de algo sobrenatural e misterioso ao mesmo tempo. Na parte central, quase sempre é possível ver entalhes de cabeças ou figuras femininas que, ajoelhadas em uma posição chamada *Ikunlé Abiyamo*, representa os ciclos ininterruptos da vida eterna. Apesar da existência da morte como a partida momentânea e palpável deste mundo, a configuração ritual e artística dos mistérios da regeneração são levadas em conta, carregando no ventre os potenciais humanos e voltando a insuflar vida de maneira ininterrupta, conectando-se com a parte divina, os Orixás, que devem ser cultuados de joelhos (*Akunlebo*) como sinal de respeito e gratidão.

Essa saudação e reverência às forças superiores chegam a um acordo em relação às ideias de concentração e meditação espiritual em um momento de êxtase acolhedor, para que sua alma se sinta amparada e protegida pelas Divindades. A alma se sente parte do universo como um todo, da criação e da vida sem receber rejeição alguma. Pelo contrário, ela reflete elos e inclusão, a despeito de sua condição humana.

Acredita-se que a mulher (daí a quantidade de figuras femininas) tem a habilidade de comover as Deidades por meio da demonstração da fertilidade ao dar à luz. A gravidez é a maior prova de prosperidade almejada. Sua figura recria a imagem da continuidade das espécies, e, portanto, quem além dela poderia apaziguar as forças da natureza?

No segmento final, antes de chegar à base geralmente lisa, sem desenhos entalhados ou contendo apenas alguns protetores ornamentais, com frequência veem-se cavaleiros que simbolizariam os desejos dos fiéis de atingir posições importantes e de sucesso na vida, ocupando lugares econômicos e sociais relevantes.

No *Ajerê Ifá* (tipo de tigela com uma base em formato de pé e um tacho), o sacerdote de Ifá coloca os dezesseis frutos sagrados da palmeira, onde ele transforma os Ikines em itens sagrados e veículos expressivos de Orumilá. O Ajerê pode ter tamanhos diferentes e, em geral, são feitos de madeira entalhada. Muitos poucos são de mármore. Boa parte possui *performances* quase teatrais de situações que incentivam a antecipação dos desejos dos consulentes, como prosperidade, felicidade, paz, equilíbrio, saúde, alegria e amizade.

Porém, não há dúvida de que a maior e mais importante ferramenta do vidente, que sempre confere importância e *status* social, é seu Iroké Ifá. Ele representa seu *status* e brilhantismo social com que se torna um sacerdote com Iré Owó, um sacerdote abundante.

Essa concepção talvez se deva ao fato de que, no passado, o mármore era muito caro, e o marfim dos elefantes era destinado apenas ao rei e outras pessoas de posição ou funções de destaque. O marfim também se destinava a altos líderes e guerreiros que defendiam as terras e posses do reino.

Essas são as ferramentas que o vidente usa para receber o Axé de Orumilá. Elas sempre atuam no mundo da magia e da adivinhação de um modo simbólico, unidas em seu misticismo poético.

A divisão dos roteiros divinatórios obedece a uma imagem visual nítida de contemplar a atemporalidade da magia divinatória com a época dos mortais. Essa estrutura de pensamento também se reflete no Opon Ifá nos tabuleiros de adivinhação, mesas ou tabuleiros de Ifá.

Etimologicamente, "Opon" significa "ação de agradar". Por esse motivo, ele não serve apenas a um propósito divinatório, mas é feito para agradar propiciando eventos divinatórios por meio de uma boa recepção de todas as forças interventoras, para que, quando combinadas, elas proporcionem os resultados esperados.

A devoção Iorubá está presente nos desenhos artísticos e na perfeição das linhas, evocando situações que pactuam seu pensamento místico-religioso em que se aborda o tema com grande seriedade e sem perder o objetivo de vista.

As forças sobrenaturais começam a interagir nessas representações em que cada fim é amplamente valorizado, desde conceitos religiosos até os de leiaute artístico sutil.

Exu, o mensageiro de Ifá, sempre presente, vigia e observa de uma das quatro faces geralmente destinadas a ele, como fiel guardião dos portais que se comunicam com dois mundos diferentes e fazem a mediação entre a humanidade e as divindades, compartilhando o cenário com diferentes símbolos que compõem e/ou afetam o consulente. Esse simbolismo molda a cosmologia Iorubá e explica várias vezes a origem e a evolução das coisas.

Seu tema é variado e amplo, e se relaciona a triunfo, devoção, liderança etc. Assim, como semelhante atrai semelhante, essas representações são forças incorporadas para entrar em ação no momento necessário. Todas configuram um universo de expressão e são ingredientes de uma grande fórmula mágica.

Os seres, as coisas, os objetos e os personagens constituem o leiaute desses tabuleiros do futuro. Todos interagem em esferas e camadas sensíveis dos pensamentos, para adentrar, com todo vigor e autonomia, o controle inevitável do vidente. As linhas imaginárias dividem o tempo para serem usadas como expressões temporárias pelo Awo, que expressa os fatos com precisão impressionante.

Essas linhas começam dos quatro pontos cardeais que aparecem no tabuleiro, habitados por diferentes energias. Elas são canalizadas através do Axé do vidente e da mediação do Exu Elegbá ou Elegbará como princípio vital das comunicações.

Então, o Exu do Awo entra em ação como força geradora e vínculo entre o consulente e o vidente, ajudando a travar contato com os ancestrais do consulente, os quais, do espaço a eles reservado no "além", cooperam protegidos sob a invisibilidade do seu poder e trazendo a experiência acumulada de gerações passadas.

Nesse grupo são encontrados os adivinhos que faziam parte da família religiosa e cuja intervenção espiritual é de grande importância e inspira eventos visionários. Como imagens mentais, eles fazem projeções em seu aparato receptor, captando-as junto com seu conhecimento para oferecer um diagnóstico perfeito sobre as situações apresentadas e estimulando a clarividência e a clariaudiência, além de, muitas vezes, perceber aromas e sons. Todas as percepções conferem maior aproximação do objetivo e aperfeiçoam o processo profético.

Seus nomes contêm poder. Quanto mais famosos eles tiverem sido em vida, mais Axé terão no momento em que refletirem as invocações em que sua presença se manifesta, muitas vezes, como se as forças das energias adicionais impelissem a vitalidade daqueles que os invocam.

Essa aliança fortalece ainda mais os elos invisíveis ao olho humano e potencializa o acesso de quem tem permissões paranormais de acessar outras dimensões. O papel do sacerdote de Ifá é se conectar com as forças da natureza, ouvi-las e saber como interpretá-las, porque elas querem falar, se expressar e se comunicar com as criaturas.

Nesse sentido, o sol, fonte de vida, luz e calor, desempenha um papel importante. O vidente tentará olhar para o leste, procurando por emanações benfazejas da estrela a fim de receber iluminação espiritual. Ele invocará Exu-Ogbé, o reorganizador energético das forças primitivas impulsionadoras da ordem, para canalizar as vibrações necessárias conferindo vitalidade, força e poder nas projeções mentais para as imagens refletidas na mente que descrevem situações, a fim de que, na hora de interpretá-las, ele possa revelar o futuro.

Repetir o contato com as forças superiores abre os canais mediúnicos que deixam os dons proféticos cada vez mais potentes.

Ifá e Exu

Do ponto de vista religioso, essas duas figuras são inseparáveis. Daí a importância de mencionar Exu ao nos referirmos a tudo o que Ifá implica. Ambos se conectaram desde o início, e ainda o estão. Não se pode chegar a um sem passar pelo outro. Eles são como dois pontos do mesmo caminho que, em dado momento, se tocam e se misturam, tendo a possibilidade mágica de estar em planos espirituais diferentes, mas se sincronizando em apenas um por vez sem se confundir.

Ifá tem a missão de traçar os caminhos, para que o ser humano possa andar em busca dos segredos da profecia, e Exu tem a missão de preparar as estradas, tornando possível passar por elas. Ambos trabalham juntos, e o sacerdote não pode separar sua esfera de ação quando quiser uma revelação.

Exu é incansável e desregrado, a menos que receba merecidos agrados, elogios e cuidados. Ifá é ordeiro e previdente. Os dois constituem os dois lados da mesma moeda, os quais precisam estar juntos para haver valor.

As lendas antigas contam que, no início da vida do planeta, ambos o atravessaram. Exu tentou contar piadas para desestabilizar a seriedade e o equilíbrio de Ifá. Este, sempre tão comedido, incomodou-se com a capacidade de expansão irrepreensível que anima o espírito de Exu como característica vital.

Certo dia, caminhando por cidades diferentes, Ifá estava sério e introspectivo, e Exu lhe disse:

— *Vou acabar prejudicando-o por conta da minha falta de visão, e meu espírito excessivamente feliz vai lhe trazer tristeza. Acho que a melhor coisa para nós dois seria percorrer caminhos distintos. Você pode ir por um e eu, por outro. Não acha?*

Dando-se conta da situação, Ifá respondeu:

— *Se você cair, também cairei. Se continuar vivendo, também viverei. O que acontece com você também vai acontecer comigo. Está escrito nos céus, e ninguém pode mudar.*

Exu, rebelde e insatisfeito com a resposta, deixou certa noite a companhia do amigo. Após roubar um galo de um vilarejo vizinho, ele cortou a cabeça da ave, para que ela não contasse ao seu parceiro o que aconteceu. Em seguida, guardou a outra parte do animal no meio das roupas e voltou para casa. Ao chegar, acordou abruptamente o Ifá e lhe disse:

— *Vamos! Levante-se! Vamos correr – a morte está em nosso encalço!*

Os dois começaram a correr sem que Ifá percebesse as gotas de sangue pingando das roupas do amigo, indicando o caminho para os perseguidores. Furioso, o povo do vilarejo onde Exu roubara o galo saiu à procura do ladrão. A busca foi fácil por causa dos rastros deixados de propósito enquanto eles corriam, irados e armados, prontos para retaliar. Parecia cena de filme!

Exu subiu na copa da árvore com um único salto. Ifá, transformando-se em um pássaro branco imenso, imitou-o. Vendo que ele estava se aproximando de seu galho, Exu perguntou:

— *Não falei que um dia eu lhe traria morte e infortúnio?*

Ifá replicou:

— *Se eu morrer, você também morrerá.*

Os moradores do vilarejo despedaçaram a árvore. No entanto, apesar do movimento e das vozes que tinham ouvido, eles não encontraram absolutamente nada. No lugar onde Ifá e Exu haviam caído com a árvore, encontraram uma grande *Otá* (pedra) em vez de um ladrão.

Ao erguerem a Otá para verem melhor, pois haviam notado a forte cor preta e o brilho da pedra, eles sentiram um calor intenso e muita dor de cabeça. Imediatamente, colocaram a Otá no chão e disseram, em coro:

— *Agó Otá, Agó Orí.*

Quando olharam para o outro lado, onde Ifá caíra, encontraram uma poça de água limpa e sentiram um alívio refrescante na cabeça dolorida e febril, então, disseram:

— *Omi Tutu.*

Daí em diante, eles passaram a venerar e compreender a complexa interpenetração e a paridade que os unia.

4
Exu e as Ekedís

Exu: O Mensageiro

Também conhecido como Èṣù, Exu tem valor homólogo em todas as representações das diferentes regiões da antiga África relacionadas à cultura Iorubá. Ele possui a habilidade de unificar os valores conceituais, imanentes e atrativos de seu poder.

Exu é o grande mensageiro, o intermediário, a ponte que faz a mediação entre seres humanos e os Orixás (configuração arquetípica de um dos vinte e um caminhos de Eleguá), e mantém contato perfeito com a linguagem dos símbolos que, muitas vezes, ele usa para transmitir suas mensagens.

O motivo dessa atuação dele no mundo do simbolismo é que sua irradiação está muito próxima dos parâmetros simbólicos mais terrenos, agindo rapidamente na magia imitativa, em que outros fatores se associam para tornar sua ação mais rápida, estando, em seu poder de observação, uma presença sempre alerta, um espírito incansável, um poder vital e um profundo conhecimento da psique humana.

Eleguá ou Elegbara nasceu como príncipe, da união de Exu Añagui e Exu Alayí Iberê Yeyé. Desde os primórdios da terra, Exu Añagui possuía como atributos a fonte do conhecimento para gerar fartura e a força da regeneração, figurando em muitas histórias como a mãe de Eleguá e, em outras versões, em formato masculino, como pai.

Como pai de Eleguá, ele recebeu as honras de comandar e organizar o trabalho e as funções de todos os outros Exus, bem como o poder de atribuir a cada um deles um caminho ou um nome diferente. De todos eles, os que mais se relacionam com as funções de um Babalaô são os que vamos analisar com maior profundidade.

A conjunção de elementos e fatores entre Orumilá e Exu se torna mais palpável quando lembramos que, em um caminho de Eleguá, como Exu Orungan, ele era o colaborador fiel e aluno prestativo de Orumilá. Exu Ayerú, por exemplo, é quem protege o sacerdote de Ifá, serve-o e colabora em quase todas as funções, tornando-se um excelente aliado e quase indispensável em sua tarefa.

Exu Awo Bará (ou Eleguá Awo) é o protetor da casa do vidente, assim como o era no Reino de Oyó. Aguado Meyó exerce a mesma função, e também expõe os mentirosos, as possíveis perdas ou fraudes por mentiras e/ou difamações, acaba com a fofoca e comentários perniciosos.

Alá Le Ilú é outro grande Awo de poder e posição importantes, um velho protetor e defensor de cidades grandes, cidades pequenas e distritos. É ele quem cuida dos territórios e fronteiras urbanas, e tem afinidade espiritual e enorme respeito por Orno Obatalá.

Também é preciso mencionar Exu Beleque, que, no sincretismo, corresponde ao Menino Jesus de Atocha. Diz a lenda que Exu salva a vida de Olorun (Olofi, como veremos mais adiante) e recebe uma chave mágica extremamente poderosa do Todo-Poderoso, a qual o torna senhor das estradas. Ele é considerado uma criança esperta, perspicaz e, ao mesmo tempo, muito travessa.

O poderoso Exu Arere é um grande vidente, considerado o primeiro enviado de Olodumaré à Terra como seu intermediário favorito. Através da intuição, ele é ótima influência para quem consulta cocos e também é conhecido pelo nome de Arere Obí Oké (no sincretismo, a criança nos braços de Santo Antônio de Pádua).

Sob essa configuração, em muitas casas religiosas com o simbolismo de um Exu-Bara, com frequência um especialista é visto na solução até mesmo dos problemas mais sérios e os econômicos.

Todos eles são ramificações de caminhos diferentes que, como reflexos, obedecem a uma única estrutura e fonte: um Eleguá.

Como Tratar um Exu com Cuidado e Agradá-lo

Ele é o primeiro a receber oferendas. É o número um, e representa o início de tudo. Nenhum pedido ou queixa será atendido sem que ele interceda.

Essas foram ordens de Olofi, que lhe disse que, embora ele fosse o menor de todos, atuaria como seu mensageiro, garantindo que nada seria proveitoso sem sua intervenção unindo céu e terra.

Depois que sua oferenda é feita, ela sempre deve ser posta perto da porta de entrada, como vigia ou guarda protegendo a casa, a empresa, o templo etc. de qualquer infortúnio ou ataque espiritual. Ele faz parte dos quatro principais gladiadores de Santería (os quatro santos combatentes). Junto com Ogun, Oxóssi e Osun, ele trabalha para destruir qualquer mal que acometa seu *protégé*.

Exu-Eleguá, e suas formas variadas de irradiação ou caminhos, rege ininterruptamente as estradas abertas em formato de cruz (encruzilhadas, as entradas de grandes portais físicos ou energéticos). Também se aplica a plantas, florestas, entradas de cemitérios, praias etc., tomando a frente e protegendo-as com coragem sem demonstrar cansaço. Exu, com seu caráter jovial com que de vez em quando brinca, torna-se o estereótipo da pessoa debochada quando, por exemplo, toma o caminho de Exu Elepó (Exu de óleo de dendê) ou Exu Eledú (o dono do carvão) que, sem medir possíveis consequências negativas, derramou óleo ou manteiga de tabaco e carvão em Oxalá (daí a proibição a seus filhos, seus Orno Orixás, de consumir esses itens) quando foi à casa de seu filho Xangô, no reino de Oyó.

Eleguá Exu Laroiê é bastante famoso no Candomblé, e nada lhe passa despercebido porque ele sabe de tudo. Ele sabe de todas as coisas que aconteceram, que estão acontecendo e que acontecerão no futuro. Sua morada são os vasos de terracota e também outros instrumentos de Exu feitos de pedra ou *acutás*, cercados por ferramentas de ferro. Ele gosta de ouro e prata adornados com quantidades específicas de búzios, dependendo do caminho do qual provém, e possui uma coroa de conchas na cabeça (por exemplo, como mensageiro de Oxalá).

É importante entretê-lo e garantir que ele não fique sem oferendas de doces, aguardente com algumas gotas de óleo de dendê e, é claro, tabaco, um dos presentes de que ele mais gosta. Às segundas-feiras (dia de Eleguá, de Exu e da cidade das almas), consome-se tabaco com cachaça bem cedo, antes de o sol nascer, ou quando começa a anoitecer.

É assim que se entabula uma conversa mental ou oral com Eleguá, pedindo-lhe proteção e progressos no trabalho. Fazendo uma boa limpeza em seus olhos, dizemos a ele:

— *Através de seus olhos, enxergarei tudo.*

Então, limpamos suas orelhas, dizendo:

— *Para que eu possa ouvir tudo.*

Se seguirmos as etapas necessárias, todas as operações mágicas futuras estarão garantidas com esse tipo de limpeza.

Os restos da manteiga ou do dendê, os charutos e a poeira que talvez tenha se acumulado, ou a fumaça impregnada nas velas acesas em sua homenagem, são limpos.

As orelhas e os olhos são feitos de búzios (especialmente os olhos e, às vezes, os dentes e o nariz, embora isso não seja muito comum e feito apenas para fins ornamentais).

Já vi cabeças moldadas à mão por especialistas na área e estou familiarizado com a liturgia ritualística em que eles representam o formato do nariz com um búzio bastante saliente. Quanto mais saliente, maior poder de rastreamento olfativo será proporcionado a quem o possui. E tudo o que ele rastrear se reverterá em lucro monetário (lembre-se do atributo dessas conchas como símbolo do dinheiro usado pelos ancestrais Iorubás e como instrumento de troca). Também aconselho aos proprietários de Exu Jelú que o alimentem, cuidem dele e o limpem usando o mesmo método às sextas-feiras, já que esse Exu é conhecido como funcionário direto de Oxalá.

O coco é um dos pratos favoritos de Eleguá, e também seu símbolo e representação. Onde há coco, há Eleguá. Onde ele se encontra há sabedoria, iluminação e proteção. Como diz o ditado, "Onde há coco, há sabedoria". Por esse motivo ele é usado em muitos ebós representando a cabeça, a mente de uma pessoa, com diferentes propósitos para apaziguá-la, tranquilizá-la, refrescar sua memória etc. Uma forma de reverenciá-lo e entretê-lo é com luz. Se você lhe oferecer doces, seus desejos serão atendidos.

Meus professores me ensinaram que o coco representava o Mundo e todos os pontos convergentes do Universo, e que o coco era Ori, a cabeça que governava. Quando a água secava, ela tinha de ser reposta de alguma forma, porque era Exu quem estava na casca ou na concha, e Oxalá na polpa branca. Os dois pontos e os limites eternos estavam combinados nesse fruto porque ele representava o equilíbrio das forças.

A Ekedí

A Ekedí é a encarregada das vestimentas, dos adornos e de outros artigos religiosos no Candomblé, acompanhando o Orno Orixá em transe mediúnico e enxugando seu suor com um pano branco quando ele está com seu Santo na Terra. Não sendo uma Iaô, ela é escolhida pelo sacerdote ou pela sacerdotisa do templo para desempenhar funções muito necessárias e importantes, como as mencionadas anteriormente.

Quando o Filho de Santo é possuído por seu Orixá, ele escolhe uma ekedí aproximando-se da pessoa designada para esse fim. A partir daí, a ekedí escolhida pelo(s) líder(es) do Terreiro ou por um *ebamí* (pessoa que completou ao menos sete anos na religião) se torna parte importante do culto.

Sua principal função é acompanhar o médium com seu Orixá incorporado durante as cerimônias, cuidando dele em seu transe e ajudando quando chega a hora da desincorporação, para que tudo se desenrole normalmente. A diferença principal entre ela e as outras mulheres que participam ativamente do culto é que a ekedí não incorpora seu Orixá.

As ekedís são as grandes guardiãs dos Orixás. Sempre cuidam para que tudo funcione da melhor maneira possível. Cientes de todos os detalhes em qualquer circunstância, elas devem estar preparadas para colaborar e ajudar o máximo possível. Sua tarefa é ficar perto do Filho de Santo enquanto ele estiver incorporado. Apesar de não serem iniciadas, sua missão é de grande valor.

Quando o Orixá começa a dançar, ele vai até uma das ekedís, agarrando-a com firmeza e suavidade para que, ao colocar sutilmente as mãos de seu filho nos ombros da ekedí (que até então estava de joelhos e com os braços apontados para cima, as palmas das mãos como se olhassem em direção ao *barracão*, o lugar onde são feitas as cerimônias públicas, como sinal de respeito por todos os Orixás que desceram à Terra), ela entende que precisa se levantar. Quando é selecionada dessa maneira, ela dá início à sua nobre tarefa como auxiliar.

Diálogo Entre Exu e a Ekedí

Uma história antiga conta que, certo dia, Exu encontrou Ekedí. Ela estava muito ocupada e, ao mesmo tempo, preocupada com suas tarefas. Exu lhe perguntou:

— O que está acontecendo, Ekedí?

— Estou cansada e exausta de tanto trabalho. Tenho que acompanhar meus irmãos de fé em seus transes mediúnicos e cuidar de suas roupas de Santo, o que para mim é uma enorme responsabilidade. Desculpe-me, Exu, pois estou tomando seu tempo. Você também tem muitas coisas para fazer, mas, ao contrário das minhas, as suas são muito importantes. Mais uma vez, peço desculpas por ter me ouvido e concedido sua valiosa atenção a mim, a pessoa menos importante do culto.

— Não fale assim, Ekedí. Não penso dessa forma. De certo modo, você também guia e ajuda as pessoas a se comunicarem com as Deidades. Portanto, eu, como todos os outros, a respeitamos e amamos. Sempre a tenho em minha mente, pois você nunca se esquece de mim.

— Então, quero perguntar uma coisa que sempre me intrigou e, é claro, nunca ousei lhe perguntar. Por que você tem reservas em relação às filhas de Oxum?

— Não é retaliação, pois não vejo a situação dessa forma, e também não tenho ressentimentos. É verdade que não consigo esquecer ou apagar da memória a ofensa de Oxum. Gostaria de fazer isso, mas não posso suportar o fato de que ela usou sua grande beleza para aumentar minhas tarefas e conseguir, com sua doçura, coisas que outros não conseguem. Ela realmente sabe como fazer feitiços com seu dom.

— O que quer dizer com isso? Não entendo, Exu.

— No início, Orumilá me concedeu o poder inestimável da adivinhação. Meu trabalho era gigantesco, pois todo mundo queria saber o que iria acontecer. Devido à excessiva ambição humana, aliada à curiosidade e ansiedade extremas, as pessoas não paravam de me consultar, e isso as levou a cometer muitos erros. Você sabe. Orumilá, que tudo vê, compreendeu imediatamente minha situação. Entendendo minha personalidade, ele me concedeu o privilégio de receber primeiro qualquer oferenda e pedido, antes de qualquer outro Orixá, como forma de me compensar por tanta dor de cabeça. Então, foi assim que tudo foi concedido a Ifá. As coisas ficaram organizadas de tal maneira que Orumilá passou a se encarregar de adivinhar o futuro da humanidade.

— Parece que até aí tudo estava indo bem, e por isso não consigo entender você, Exu. Continue, por favor, se não se importar em ficar recordando.

— Oxum, lançando mão de seus encantos e da amizade com Orumilá, começou a influenciá-lo para obter antes as respostas que as pessoas buscavam. Em certo sentido, ela estava se tornando um tipo de intermediária. Essa é a posição que, como você bem sabe, só eu ocupava! Não se esqueça, Ekedí, de que sou o Mensageiro Divino, que transmite as solicitações da humanidade às Divindades.

— Mas, Exu, você disse que era apenas para conseguir as respostas a perguntas sobre o passado, o presente e o futuro.

— E assim era, mas, estando insatisfeita, ela foi ter com Ifá e pediu visão divinatória. Então, Orumilá lhe garantiu permissão para ler o futuro com cinco búzios. Minha raiva não é porque ela pode fazer perguntas aos búzios, mas sou eu quem, por ordem de Ifá, deve se responsabilizar pelas respostas. Meu trabalho, em vez de diminuir, aumentou cada vez mais! É por isso que entendo quem trabalha com cuidado. E você, Ekedí, eu entendo muito melhor por ter se comprometido e se sacrificado por essas tarefas. É por isso que abro seus caminhos, dando-lhe livre acesso para aproximações tão íntimas quando um Orixá baixa em um filho ou uma filha.

PARTE DOIS

A Arte da Adivinhação Africana

Seria possível dizer que, junto com leituras de I Ching, leituras e interpretações com búzios são umas das práticas divinatórias conhecidas mais antigas, embora eu considere as conchas as mais antigas por vários fatores, como a origem e o advento da civilização Iorubá.

A possibilidade de o povo Iorubá ter sido uma das primeiras comunidades a habitar o planeta, descendentes dos Atlantes, os antigos moradores de Atlântida (uma civilização avançada em termos tecnológicos e espirituais que, segundo a crença, existiu e se extinguiu sob as águas do Oceano Atlântico), é um dos vários elementos a considerar. Muitas teorias científicas argumentam que a origem dos seres humanos começou na África e que, provavelmente, eles tinham a pele escura. Além desses dois grandes sistemas de adivinhação, não descarto a possibilidade de fortes conexões e influências entre eles.

Porém, voltando ao nosso campo de pesquisa e analisando seu método de adivinhação e interpretativo, é possível deduzir seu conteúdo e doutrina altamente filosóficos. A adivinhação é uma imagem estruturada, não esquematizada ou separada; é uma forma de esmiuçar o passado, o presente e o futuro com características ou simbolismos que poderiam ser considerados terrenos, mas com uma transcendência totalmente reveladora rumo ao Grande Além.

A fim de investigar as respostas nos domínios puramente espirituais, a busca por um equilíbrio perfeito entre matéria e espírito nos é revelada. Ela estabelece, entre os sistemas divinatórios – sobretudo os das conchas consagradas e do mundo intangível –, uma comunicação perfeita que existe como um vínculo com a mente do sacerdote. Assim, a relação espírito-mente-cérebro é concebida com harmonia e sabedoria.

Cada Odu é uma manifestação escrita que, sendo sagrada, move-se com metáforas que variam desde diálogos simples até derivações quase poéticas que ilustram as diferentes passagens solenes, proclamando o poder revelador do sistema de Ifá.

O número quatro tem o poder de trazer à tona os quatro elementos primordiais da Natureza (Fogo, Terra, Ar e Água), as quatro estações do ano, os quatro pontos cardeais etc., estabelecendo um equilíbrio perfeito com o local destinado à leitura das conchas ou com a área física onde elas serão lançadas e interpretadas.

Portanto, o tabuleiro, o cesto ou o pano onde as conchas são lançadas é mentalmente dividido em quatro partes iguais, e, embora na prática cada linha de conchas seja memorizada e interpretada ao mesmo tempo, alguns videntes vão preferir anotar as linhas usando esse tipo válido de configuração.

Para esse propósito, cada Odu pode ser marcado com uma linha única ou dupla (I, II), vertical e paralela no segundo caso, interpretando-as de cima para baixo. Cada setor demarcado pelos quatro vértices se separa de forma equidistante das outras quatro linhas que marcam com perfeição o local da concha na leitura.

Quando a concha cai aberta, a posição é considerada masculina, e faz-se um pequeno círculo nela (o). Quando a concha cai fechada, ela é considerada feminina, e o lado ou face feminina da concha é marcado ou desenhado com um sinal de mais (+) ou um (x). Será levado em conta em qual parte do território divinatório uma concha aberta ou fechada cai, obtendo uma interpretação mais ampla de acordo com a zona de influência (previamente definida) de cada Orixá.

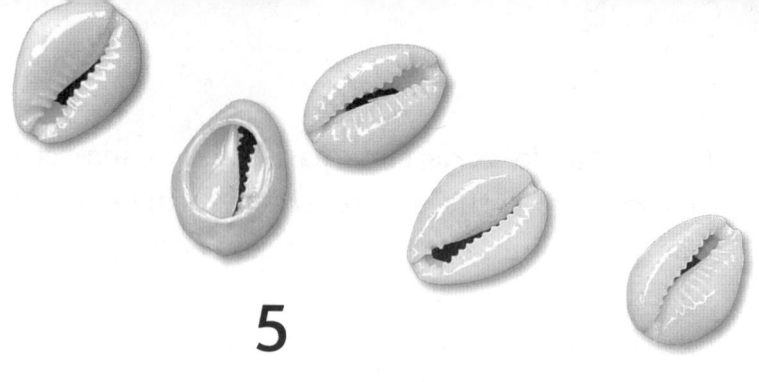

5
Preces e Preparação

Obrigação do Sacerdote

Todos os Filhos e Filhas de Santo, que escolheram seu anjo guardião, seu Orixá frontal, também chamado Orixá de cabeça, têm o direito de recorrer a seu pai ou mãe espiritual – Babalorixá ou Iyalorishá – no caso de dúvidas, conflitos ou problemas de ordem espiritual, mesmo quando esses transtornos trazem ou contêm fatores materiais.

Antes da leitura, o sacerdote aconselhará você a tomar um banho (de acordo com o anjo guardião) para dissipar influências negativas. Ele marcará um encontro em uma data e horário convenientes para vocês dois. Caso a consulta seja urgente, ele vai organizar e avaliar os meios para ela acontecer imediatamente, tendo em mente o planejamento das atividades na Casa de Santos, o templo ou lar religioso.

O Filho de Santo deve saudar o quarto de Exu. Primeiro, ele vai abrir os portais espirituais e conceder ao consulente a permissão para se tornar digno da mensagem e da resposta das Deidades. Assim como o "Hermes" Iorubá, mensageiro e emissário, ele intervirá perante os Orixás mais antigos e acatará suas ordens, atuando como intermediário e abrindo caminhos.

Em seguida, ele vai saudar o Quarto Sagrado, e, com permissão do sacerdote, vai "bater a cabeça" no chão (uma forma de cumprimento), pedindo elevação espiritual e auxílio de seu anjo guardião. Essa saudação em frente ao lar de seu Orixá o coloca em sintonia e em relação íntima com seu Santo e, ao mesmo tempo, canaliza seu pedido mental a todos os outros Orixás. As exigências para o consulente (nesse caso, o Filho de Santo) e para o consultor (o sacerdote) são as mesmas: "limpeza corporal".

Essa expressão comum não se refere a limpeza ou higiene corporal (o que, daqui em diante, é dado como fato), mas às demandas exigidas para todos os rituais dentro do Africanismo. São elas: abstinência de álcool, de sexo e, no caso de filhas de santo, além das já mencionadas, elas também não devem estar menstruadas.

Este último conceito é realmente ortodoxo, e concebe a ideia de que, nesse estado, a mulher remove impurezas que a distanciam da sacralidade. Não somente você não deve ter ingerido álcool como, também, não deve haver desejo carnal ou relacionado a coisas proibidas; do contrário, o campo vibracional fica perturbado, e a comunicação sagrada entre este mundo e o panteão Iorubá seria impossível.

De nada adianta se comprometer com as coisas mencionadas e, no momento da consulta, sentir vontade de beber álcool ou excitação sexual. Isso é equivalente a voltar a atenção a coisas muito materiais, que não são preparadas ou predispostas para se comunicar com o Astral Elevado.

Quanto à excitação sexual, seja por lembranças, seja por imagens mentais presentes, ela invalida o caráter sagrado e produz o profano. Se você não conseguir se desvencilhar desses impulsos, é melhor e mais conveniente adiar a consulta para outro momento.

Invocações: Preces Antes de Começar a Consultar as Conchas

Antes de começar, muitos Santeros colocam todas as conchas no centro do Ilê Dilogun. Esse é o lugar em que as conchas são mantidas ou a área sagrada em que as conchas cairão. Pode ser um cesto, um pano branco emoldurado pelos colares etc.

Muitos Santeros também dispõem as conchas em um círculo perfeito, deixando para cima a parte aberta. Dessa forma, todas ficam preparadas para responder, configurando uma das figuras geométricas mais perfeitas com grande valor mágico: o círculo. É importante tentar deixar o círculo no epicentro.

Em alguns casos, não somente é intencional que a parte mais pontuda das conchas se toque, como, também, muitos Santeros colocam no meio das conchas uma moeda que interferiu na vida espiritual do vidente. É uma forma de garantir a recompensa que traga prosperidade à vida do consulente, e é uma prática muito comum em algumas casas africanistas. Falando em termos simbólicos, também é um elo material que conecta o terreno e o espiritual.

Após todas as preparações e diferenciações, o vidente dá continuidade às etapas preestabelecidas em forma de ritual. Molhe os dedos da mão direita na taça ou copo de água e respingue três vezes as conchas Dilogun.

Em seguida, o vidente diz:

Omi Tutu, Ana Tutu, Omi Tutu Exu Eleguá, Ilê Tutu

A invocação continua:

Oduduá Dadá Orumilá
Babami Alariki Babá
Olodumaré, Olorun Babá mi
Bake Oxé
Bará Ianá
Kou fie babá mi
Emí Io shiré Babá
Ifá be mi Moyubaré
Orun Moyubaré
Orixalá Moyubaré
Ifá Agô

Essa forma de invocação convoca as forças elevadas do bem a se unirem através de sua influência energética na Terra.

Também se menciona Bará, para a conexão de Exu com Ifá. Em seguida, o vidente pede ajuda das energias superiores, passando por Deus Todo-Poderoso e Orixalá, culminando em Ifá, detentor dos serviços religiosos divinatórios com que ele se comprometeu.

Depois, ele *moyuba* (saúda) os ancestrais, pedindo que nada de ruim aconteça, e saúda os padrinhos.

Os outros Santeros são convidados a participar, saudando-os assim:

Axé bogwo igworó, afaxé semi lenú.

O vidente pega um sininho e o toca fazendo um círculo acima do Dilogun. Essa forma de saudação é muito popular em todos os países de influência afro-brasileira.

Em seguida, como regra geral em todas as correntes, começa-se a saudar cada um dos Orixás, iniciando, é claro, com Exu, e depois com os Santos.

No fim, você pode dizer:

Epa ó Babá
Esheé Babá
Agô Oxalá Oromilaia

Aqui, você diz:

O pe ó
Yana wa neni
Iré, Iré Awo
Obá Iré
Fun mi ni Ogbon
Fun mi ni Ifá Agô
Maferefum mi
Axé

Há um pedido para boa fortuna e boa sorte para o vidente e a cabeça que guiará as etapas divinatórias e que passará a representar a característica de "realeza" da mensagem e das energias elevadas na Terra. A invocação começa pedindo consentimento de um tipo de Oxalá relacionado ao dom divinatório: *Oromilaia*.

Força e poder se associam na última palavra pronunciada: Axé. Em todas essas etapas pode haver variações, invocações e procedimentos diferentes. Quanto mais conhecemos, mais rico será nosso vocabulário e mais amplo será nosso campo divinatório.

Invocações para Cada Orixá

Muitas das invocações usadas no Africanismo têm um verdadeiro poder convocatório. Algumas delas, como as preces recitadas ou cantadas durante os ebós (palavras mágicas), frequentemente contam histórias antigas e instrutivas. Muitas têm a ver com a vida do Orixá que está sendo invocado. Repare na inflexão e nas diferentes mudanças tonais na modulação da voz de quem invoca quando ele suplica, pede, exorta e brada com devoção e profundo respeito.

Tal como os selos de poder da Alta Magia Branca Ritualística ou os mantras de poder, todas essas formas de invocação (sejam escritas em selos antigos, recitadas ou cantadas) têm intenção de propiciar, proteger ou controlar um nível energético.

Muitas dessas palavras possuem grande poder místico revelador que envolve milhares de palavras. A transmissão oral foi a base da revelação de conhecimento dentro da história filosófico-religiosa do Africanismo nas Américas. Foi assim que aprendi com meus professores, meus mentores e de todos os informantes que, por meio de muitos anos de pesquisa, me ajudaram a coletar dados de grande importância.

E, assim como no passado frequentávamos missas católicas faladas em latim e o fazíamos com profundo respeito, muito embora não compreendêssemos boa parte das palavras utilizadas, da mesma forma, os praticantes africanistas que não entendem cem por cento da língua Iorubá recitam essas preces com imensa emoção e unção mística, porque sabem que, como chaves astrais mágicas, as palavras abrirão os portais para o contato com seus amados Orixás.

Estas são as preces mais usadas para invocar os Orixás:

Eleguá

Laroiê, Exu Eleguá Laroiê akiloyê. Agguró tente onú.
Apagurá Akamma sesé. Arele tuse abamula omú batá.
Okólo ofofó, okólo oñiñí, okólo tonikan ofó omoró Ogún.
Oyona alá yiki. Eleguá Laroiê akiloyê.
Agguró tente Omo. Apagurá, Ashagura Akamma sesé arele tuse.
Abá nundá Ornó babá Ayuba awa Eleguá.
Agô Eleguá.

Ogun

Ogún ñaka nilé Ogún kobú kobú. Alagweré oguó.
Ogún yumusu. Ogún fina malú. Egweleyein andaloró.
Ekum teyú tana guaraguru. Oguñé. Agô Ogun.

Oxóssi

Oxóssi Odé. Oxóssi Odé mata oní bebé.
Orishá Ashé Oshossi. Ede kruesé. Olebure atamasile obeki.
Okê okê aró. Agô Oxóssi.

Xangô

Eluwekon Axé Ossaim. Chereré Adashé. Kokoní jokoki.
Orno lá dufetini. Cherebinú oluoso. Bogwo ayalú koso.
Obá Kosó. Obánishá Kaô Kabecilê. Kaô Kaô Kabecilê.
Agô Xangô.

Iansã

Eparrei Oyá Eparrei lndemuré lndemuré Iyá mi.
Epaieio Epaieio Era Eloyá Sure mi. Oyá Sure awa.
Epaieio Eparrei Iansã. Agô Iansã.

Ossaim

Ossaim aké mejí. Oché kuré kere meji bero.
Sakere mejí. Meji le secan, Meji ele seomó.
Eki dibi aguanakero. Ossaim Ogué-negui Aguado Kuni Kuni.
Ama te le ikú mori. Chase le beriké a yaya. Me-Eú.
Eué ó Ossaim. Ué eué. Agô Ossaim.

Babaluaiê

Babaluaié ogoro, nigga, ibba eloni.
Agwa litasa babá sinlao ibba eloni.
Ogoro nigga Xapaná. Ambao Shapaná, Ambao Zapatá,
Ambao Chapaná.
Atotó Omulú, Atotó Obaluaiê. Agô.

Aggayú Solá

Aggayú Solá Kinibá. Aggayú Larí. Babá—Diná.
Aggayú Solá Kinibá sogún. Ayaroró kini bako.
Egweminiyo. Etalá. Boyubagadaguá. Agô Aggayú.

Ibeji

Ibeji oro arabba aíná kaindé. Doin la ó.
Doin Ibeji. Ibeji oro alakuá oyé oyé mojojó. Doin Ibeji.
Beje o ró. Agô

Orixá Okô

Orixá Okô, ikú afefé. Oro goddó gailotigwaro.
Agô Orixá Okô.

Oxumarê

Ajun ajun boboi. Oxumarê lo beré lo beré.
Aro boboi.
Aro boboi. Agô.

Oxum

Yeyé kari. lnba moro ofi kereme.
Ogwa meri kokuasi.
Erí eie ió. Aie iee ió.
Ora ie ieo Oxum. Agô.

Iemanjá

Iemanjá agguayo o kere okun a limi karabbio Osá ñabbío.
Leggu eyin tebié. Gwa sirueku Yewá.
Obini kuayo, Okuba, Okana kwagna, Keku Yansá Orí eré gwa mío.
Odoyá. Odoféiyaba. Agô.

Obatalá

Obatalá, Obataisa, Obatayanu, Obirígwalano.
Katioke okuni ayé. Kofieddenu babá mi.
Ayagguná leyibó jekua.
Babá Oddumila Odduaremu asabbí oloddo.
Babá ayubba. Orixalá aeea ero ola aia aia.
Esheé Babá. Maferefum mi. Agô.

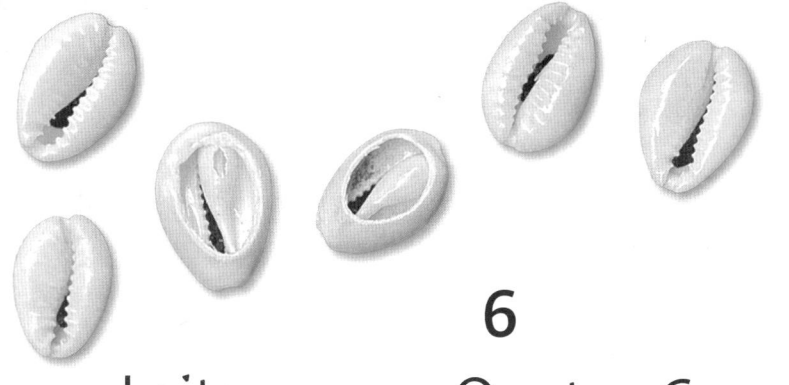

6
Leitura com Quatro Conchas

Leituras com apenas quatro conchas trazem dois tipos de respostas possíveis que podem variar em intensidade ou conter agentes ou influências passíveis de mudar o resultado. As modificações viáveis começam de um conjunto de combinações possíveis, como buscar uma alternativa ou resposta mais abrangente.

As respostas seriam sim ou não. Portanto, pelo fato de as respostas serem tão categóricas, é necessário um comprometimento maior para interpretar e formular as perguntas. Elas precisam ser claras, precisas e não podem deixar margem a dúvidas ou interpretações equivocadas.

As perguntas devem ser feitas com clareza. Deve haver objetividade no que desejamos saber para que, assim, a resposta seja clara, direta, sem distorções ou ambiguidades. A confusão na proposta pode levar a confusão na resposta.

Apesar desses aparentes obstáculos, esse tipo de linha é usado com bastante frequência, sobretudo por conta da velocidade em obter resultados ou respostas e também pela simplicidade do procedimento. No entanto, embora não somente Exu responda a essas linhas, no Brasil elas são geralmente chamadas de "jogo dos búzios de Exu" ou, simplesmente, "lances de quatro conchas de Exu".

Aqui há uma forte conexão entre Ifá e Exu, o último como intermediário nas quatro estradas ou pontos cardeais, o maior intérprete, servo dos Santos, um caminho de Eleguá, o mensageiro entre a Humanidade e as Deidades.

Quando se faz uma leitura com quatro conchas, o sacerdote não terá de marcar nenhum ebó (oferenda), já que as respostas fornecidas por esse sistema só definem as diferentes opções como sim ou não, sem entrar em detalhes ou se comprometer com nenhuma outra resposta.

Fechado / Aberto

Diferentes Leituras

Há cinco leituras possíveis ou linhas que podem ser interpretadas e/ou lidas. Os nomes africanos provenientes dessas cinco posições são:

1. **Alafiá.** Proveniente das quatro conchas com o lado aberto para cima.
2. **Eku ou Oyeku.** Proveniente das quatro conchas com o lado fechado para cima.
3. **Ossaran ou Okanran.** Proveniente de uma concha com a parte aberta para cima e as outras três com a parte fechada ou dentada para cima.
4. **Meji ou Ejife.** Proveniente de duas conchas com a parte aberta para cima e as outras duas com o lado fechado ou dentado para cima.

5. Tau-ar ou Etawá. Proveniente de três conchas com a parte aberta para cima e a quarta concha com a parte fechada ou dentada na mesma posição.

Levando em conta as formas específicas dessas cinco posições diferentes:

a. Quatro conchas com o lado masculino virado **para cima**.
b. Quatro conchas com o lado feminino virado **para cima**.
c. Uma concha com o lado masculino virado **para cima** e três conchas com o lado masculino virado **para baixo**.
d. Duas conchas com o lado feminino virado **para cima** e as outras duas com o lado feminino virado **para baixo**.
e. Três conchas com o lado masculino virado **para cima** e o outro com o lado masculino voltado **para baixo**.

Mesmo considerando-as dessa forma, podemos fazer outras correlações ou combinações, tomando caminhos diferentes caso não fiquemos satisfeitos com as respostas obtidas ou precisemos incluir muito mais de uma situação elaborada como resposta.

Nesses casos, podemos combiná-las e recorrer a certas linhas em alguns Odus para levar em conta, de maneira global, o que elas significam, sempre considerando que elas não representam uma resposta direta ao signo, mas são comentários que precisam ser considerados.

Meji é o signo que a maioria das combinações nos dão, e pode buscar pontos de referência na linha com doze conchas abertas (*Eyilá Sheborá*), com onze conchas abertas (*Owonrin Chobé*), com sete conchas abertas (*Odi*) e com quatro conchas abertas (*Orosun*).

Nesse tipo de combinação, lembre-se de que, quando falamos do Ifá, estamos falando da qualidade de Meji ou Meli, cujo nome acompanha o de dezesseis signos, como vimos anteriormente. Não há necessidade de repetir essa qualidade ao nos referirmos aos Odus de Ifá, porque essa configuração é compreendida.

As Cinco Posições

Alafiá

Essa combinação é frequentemente considerada de passagem ou não definidora, e pode ser tida como ambivalente. Quando essa linha aparece, é necessário repetir a consulta, e a resposta não pode ser considerada positiva ou negativa. Para muitos, a palavra mais válida seria um "talvez", daí a necessidade de consultar mais uma vez. Apesar de mediar esse possível mal-entendido de algo indefinido, geralmente isso é considerado algo que promete ser positivo, e a maioria dos sacerdotes presume que a resposta do Exu é sim. Se Alafiá voltar a aparecer, significa que está tudo bem e a jogada é reafirmada, porque o sentido da palavra se refere a paz e equilíbrio no karma da pessoa. É um símbolo de saúde e boa fortuna. O consulente não terá nenhum obstáculo para atingir seu objetivo. A anotação pode ser feita com quatro pequenos círculos em posição vertical.

Você pode moldar uma configuração de Ejiogbe no Ifá, representando o equilíbrio entre ori (cabeça e mente racional) e ipori (o reflexo do consulente em Orun), a combinação perfeita entre o mundo tangível e o invisível. Portanto, é *emi-pade* (encontrar-se), quando o consulente tem paz, é *Idara*, está belo em forma e substância, e representa o estado de não confusão, equilíbrio e harmonia.

Ifá afirma que todas essas etapas e decisões trazem bênçãos e boa fortuna. Seu desempenho é bom e atua conforme a natureza. Seu karma é limpo e salubre. A prosperidade virá. O paralelismo com o jogo de dezesseis conchas traz o Odu *Eyeunle* (oito conchas para cima) que protege você de quaisquer ataques. Quando surge Alafiá e depois Meji, a resposta também é positiva.

Eku

Essa jogada é totalmente negativa, indicando perigos de todos os tipos e presságios ruins. Pode trazer doença e/ou alerta de morte (Iku). Quando essa combinação aparece, você deve lançar as conchas mais uma vez para saber o que Exu lhe aconselha para se limpar da influência de Eku e também o que dizem os ancestrais, pois talvez algum deles queira deixar uma mensagem. Nesse caso, é melhor consultar mais uma vez e perguntar ao *egun*, o espírito dos mortos.

Quando surge essa combinação, é recomendado recorrer ao Merindilogun. As perguntas a Eku sempre trarão um não como resposta. Por isso, é muito importante fazer uma pergunta boa, para que a resposta seja precisa e bem compreendida. No Ifá, isso é apoiado ou respaldado por Oyekun e, no Dilogun, por Eyioco. Ao se compararem essas duas configurações, saberemos a origem do perigo e como contra-atacá-lo.

Ossaran

Essa leitura também é negativa, e alerta o consulente sobre doenças, aflições, tristezas, perigos ocultos, caminhos fechados, falências e assim por diante. O conteúdo é totalmente desfavorável, e pode representar ameaças ou limites extremos. Essa leitura traz um não como resultado.

Essa interpretação frequentemente se baseia na ausência de coisas boas ou situações predefinidas. Com a Corrente de Ifá no Capítulo 8, ela é respaldada ou apoiada por Okana, Obara, Iká e Otrupo. No Dilogun do Capítulo 7, é respaldada ou apoiada em correlação por Okana, Obara, Merinlá e Eyilá.

Apoiada por Okana

O não, ou a negatividade, provém de recorrer a parentes ou às pessoas ao seu redor. Você baterá em muitas portas em busca de soluções, mas não encontrará respostas. A ação de procurar ou obter respostas, recursos ou objetos é comparada com a ação de viajar ou caminhar, como se a pessoa tivesse saído para caçar comida a fim de alimentar a alma ou o corpo. Nesse caso, a figura é associada a Oxóssi, o caçador.

Entretanto, aqui, a flecha – a arma de Oxóssi – não será bem-direcionada e você não encontrará o alvo perfeito, e haverá o perigo do retorno, em que você pode se machucar e sair prejudicado. Você precisa buscar outras terras e novos horizontes. Meça seus passos e muna-se de precaução, porque o animal que você está caçando pode estar de tocaia.

Apoiada por Obara

Aqui, por agir sem inteligência e presumir conhecimento, você se alinhará com a ignorância daqueles que esquecem o valor da experiência dos anciões. Eles já percorreram a estrada e conhecem os perigos que podem surgir. Você deve ouvi-los e seguir seus conselhos. Seu orgulho o cega, porque você acredita ser dono da verdade e não age de maneira correta. Sem uma mudança de atitude, os resultados raramente serão favoráveis, e você terá dúvidas e inseguranças.

Apoiada por Iká ou Merinlá

Os perigos provêm de um processo de danos à saúde do corpo, e a doença pode levar ao envelhecimento, cansaço ou derrota. Suas próprias palavras podem ser destrutivas e você é aconselhado a não se negligenciar, porque pode perder seus pertences. Não é hora de sair à caça, mas de se defender. Defender-se também é cuidar do corpo, da integridade e da saúde.

Apoiada por Otrupo ou Eyilá

Inveja, pensamentos ruins e outras atitudes negativas envolvendo áreas espirituais e psíquicas são emitidos e enviados ao consulente. Muitas vezes, planos e projetos serão frustrados por esses motivos. Ifá aconselha a guardar silêncio e a não falar mais que o necessário, especialmente sobre coisas íntimas ou de magnitude muito importante para o consulente. Quanto menos ele souber sobre uma pessoa, menos chamará a atenção e menos despeito o cercará.

Meji

O caminho do consulente não tem nenhum obstáculo. Ele está vivendo na verdade, com determinação válida. Não há problemas e o horizonte está aberto. Você está protegido e, em seus desejos, conta com o apoio de forças astrais. Nesse exato instante, sua vida está equilibrada, muito confortável e especial. No entanto, não seja irresponsável, incentive as coisas boas sabendo que uma forma de fazer isso é se protegendo para preservar as conquistas e a paz. Sua resposta é sim.

A resposta positiva dessa jogada pode indicar origens ou caminhos diferentes. Para saber, é possível se consultar com a Corrente de Ifá (Capítulo 8) e o Dilogun (Capítulo 7). No Ifá, ela é respaldada por Irosun, Odi, Owonrin e Otrupo. No Dilogun, é respaldada ou apoiada por Irosun, Odi, Owonrin e Eyilá.

Respaldada por Irosun

A proteção e o apadrinhamento provêm do mundo dos ancestrais, os seres desencarnados que cuidam do cliente, o vigiam, e instintivamente o orientam para encarar a vida em diferentes níveis e estratos. Eles o protegem de toda adversidade e intuitivamente apresentam as necessidades para levar em conta caso haja algum problema. Osun, o Orixá que cuida e protege o ori dos Santeros, fiel guardião dos espiritualistas, também intervém e os protege de possíveis quedas e tropeços. Dessa posição, ele alerta sobre perigos e dissabores.

Apoiada por Odi

A resposta positiva tem o apoio de Iemanjá. O elemento regido por ela (água, o poder gerador de seus mares e a energia potente de suas ondas no quebra-mar) dissipa obstáculos e traz riqueza de ideias. Por Iemanjá ser a mãe da maioria dos Orixás, ela traz mensagens de nascimento e esperança, bem como de ressurgimento.

Apoiada por Owonrin

O sim foi uma resposta dada pelo povo das almas, e Oyá está inevitavelmente presente, trazendo diligência e velocidade afastando qualquer perturbação de espíritos desequilibrados. Eleguá também intercede, concedendo sua afirmação pela abertura de caminhos.

Nessa combinação, o resultado e a ordem são muito importantes. É fundamental não confundir velocidade com desordem, nem viabilidade com permissibilidade. Ao longo do tempo, uma sólida escala de valores sempre colocará você em uma situação agradável e duradoura, sem que sejam boas somente as intenções.

Apoiada por Otrupo e Eyilá

Aqui, a proteção e a boa fortuna provêm do elemento fogo, que reavalia a paixão e os sentimentos espiritualmente respaldados por Xangô. Sua pergunta e preocupação são justas e válidas, e fala de seu bom espírito exaltado por seus ideais. Haverá ação, vitalidade e energia em tudo o que você propõe, e também segurança no que afirma.

Tau-Ar

Notícias de parentes, amigos, parceiros e eventos futuros vêm mais depressa. É a revelação sobre o que andou angustiando o consulente. Logo, você saberá os resultados, descobrindo mistérios e todas as coisas que permaneciam ocultas ou ignoradas. A mensagem se refere ao mágico e ao esotérico, e pode ser boa ou ruim. Aconselha-se tomar certas precauções para se defender. O dinamismo de Exu está a seu favor para agir com diligência, contribuindo com rapidez nas comunicações.

Apesar de tudo, você precisa lutar e não baixar suas defesas, a fim de superar os obstáculos que podem aparecer no caminho. Você deve varrer as possíveis impurezas que apareçam. Sua resposta é sim, mas obtida com luta e tenacidade.

No Ifá (Capítulo 8), a resposta é respaldada e apoiada por Ogundá, Osá, Iretê e Otura. No Dilogun (Capítulo 7), é respaldada e apoiada por Ogundá, Osá, Ejiologbon e Merindilogun.

Respaldada por Ogundá

A dificuldade para conseguir um sim como resposta tem o respaldo de Ogun, detentor e alma do ferro. Esse nobre guerreiro está presente para aliviar o fardo e livrar seus caminhos de todos os contratempos que você possa ter. Ele prevê que você terá de lutar arduamente para obter o que deseja. Nada virá de graça, e você terá seus desejos realizados por meio de esforços pessoais e batalhando contra os inimigos que surgirão conforme elabora seus planos.

Ele antecipa que cada empreitada terá sua própria batalha, mas que, com sacrifício e devoção, você será vitorioso. É preciso ter ímpeto para ir lutar pelo que se quer. Não se pode baixar as armas durante a batalha. Sua energia terá que prevalecer, direcionando forças para onde elas forem necessárias. Ogun o acompanhará, o incentivará e o ajudará em meio às dificuldades se você trabalhar com nobreza de alma. Mas você precisa contar com sua tenacidade em todos os momentos, com força impetuosa e desejo fervoroso de vencer.

Respaldada por Osá

Aqui, o apoio vem da Deidade dos ventos, Oyá ou Iansã, que, com a luz de seus raios, proporcionará a ação e o desenvolvimento perenes necessários nessas áreas. Ela sugere a ideia do que não pode ser contido, possuído, parado, a velocidade do elemento da natureza que nos governa. Essa influência pode levar a variações incontroláveis, motivações diferentes e níveis distintos de ação, muitas vezes perdendo a visão geral do objetivo.

Oyá faz surgir de repente a rápida influência da reflexão, fazendo-nos retomar nosso caminho. Somos incentivados a abrir as portas do mundo de nossos ancestrais, deixando a camada de consciência que nos separa com o Grande Além permeável por nossos entes queridos. Eles estão em outro plano, e de lá podem nos proteger e nos guiar pelo caminho.

Respaldada por Ireté e Ejiologbon

O sim obtido com essa combinação traz a ideia de que o consulente deve continuar com o objetivo apesar de tudo, sem se deixar levar pela falta de otimismo. O consulente tem uma tendência derrotista que ele terá de superar. Sua negatividade pode arruinar suas realizações e minar suas metas. Ele terá de se esforçar, do contrário, vai se tornar o pior inimigo de si mesmo.

Essa tendência de não confiar nos próprios valores e potenciais pode levar à derrota, e, pior ainda, ao abandono das buscas e expectativas. Você só vai conseguir o que propôs ou quer obter se reconsiderar a própria visão. Fortaleça seu ego, reavalie-se, construa sua autoestima. Esse será seu objetivo de luta e esforço, assim, você conseguirá um lindo e sonoro sim.

Respaldada por Otura e Merindilogun

Para realizar seus desejos, a mensagem dessa interpretação dos Odus aconselha recalcular a rota e encarar o que foi proposto. Sua luta para conseguir o sim como resposta terá de ser direcionada à concepção e estrutura de níveis espirituais superiores. Não é possível deixar de lado valores éticos ou morais. Você deve reavaliar a coisa ou o tema em questão a partir de um ponto de vista ético, social ou normativo. Aqui, o papel do Karma pode prevalecer. Reconsidere, ouça a voz de sua consciência e não negligencie seus guias espirituais, que tentarão se aproximar de você para inspirá-lo em suas tarefas.

Combinações com Tau-Ar ou Ossaran

Dessa combinação de batalhas e sofrimentos que resultam em situações conflitantes e instáveis, surge um sem-número de circunstâncias que são boas de se identificar, a fim de definir o caminho para atingir os objetivos.

Por um lado, é aconselhável não permitir se deixar vencer e, por outro, prever o sofrimento apesar de tudo. Logo, convém perguntar de novo e refletir sobre a pergunta, e também sobre como elaborá-la. Ela deve ser clara e objetiva até que se encontre uma resposta marcante. Dessa forma, podem surgir estas combinações:

Tau-Ar – Tau-Ar: Se sai essa jogada em relação ao que você quer ou precisa, a resposta é sim.
Tau-Ar – Alafiá: Você precisa lutar no começo. Como resultado de sua insistência, a calma e o descanso virão. A resposta é sim.
Tau-Ar – Eku: Não importa o quanto você se esforce, não vai conseguir tranquilidade ou bem-estar. A resposta é não.
Tau-Ar – Ossaran: Dor e tristeza, falta de forças para lutar. A resposta é não.
Tau-Ar – Meji: A reconciliação de forças encontrará equilíbrio. Sem perdas energéticas. A resposta é sim.
Ossaran – Ossaran: Não insista. A persistência não traz bons resultados/realizações. Infortúnios. A resposta é não.
Ossaran – Alafiá: Tente harmonizar os pensamentos. Ser realista o ajudará a atingir o objetivo. A resposta é sim.
Ossaran – Eku: Você precisa mudar sua atitude da água para o vinho. Consulte o Dilogun e faça perguntas claras. Posição perigosa. A resposta é não.

Ossaran – Meji: Apesar de uma dualidade, os céus se abrem e o caminho está livre de obstáculos. A resposta é sim.

Ossaran – Tau-Ar: Há uma porcentagem alta de negatividade e confusão, mas depois o processo é reativado. A resposta é duvidosa e ambivalente. Verificar novamente.

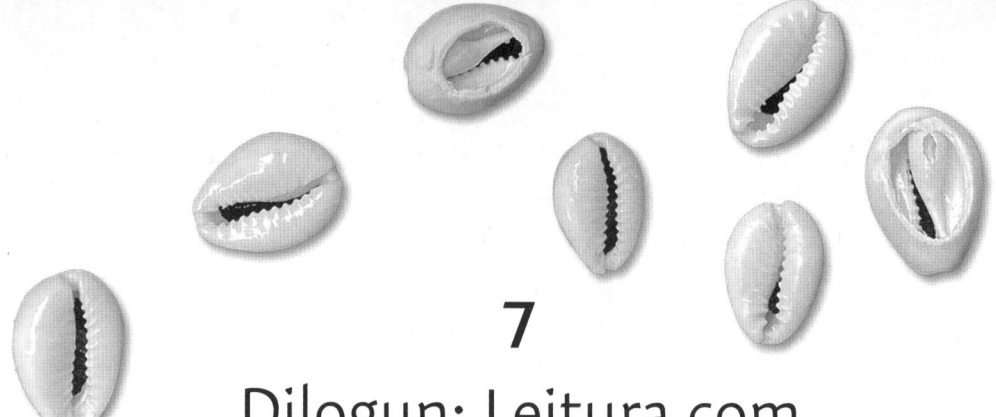

7
Dilogun: Leitura com Dezesseis Búzios

A adivinhação com conchas chamada Merindilogun, ou, em sua forma menos conhecida, Erindilogun, era usada pelo Omo-Xangô, ou "Filho de Xangô", que tinha um Orixá como anjo regente (isto é, que tem esse Santo definido) e, naturalmente, maior predisposição para isso. Elas eram conhecidas como *Yransée Awo Xangô*. Hoje, nos quatro cantos das Américas, esse sistema divinatório reservado apenas para sacerdotes é geralmente conhecido pelo nome Dilogun. O termo é abreviado, e originalmente provém de Erindilogun, em que "ogun" revela o número vinte, "erin" o número quatro, e "di" significa "menos". O resultado dessa combinação e jogo de palavras resulta no número dezesseis.

Os *aleyós* (como chamamos os simpatizantes, fiéis, seguidores ou devotos dos Orixás, mas que não são iniciados) são proibidos, por motivos religiosos, de atuar no manuseio do jogo de conchas como sistema divinatório desse Oráculo sagrado. Essa última condição, a sacralidade, ocorre quando as conchas "se comeram".

Essa expressão se refere ao contato das conchas com o Divino por meio de ritos expiatórios. As Deidades falam através desses ritos, às vezes diretamente, de maneira pormenorizada, outras vezes juntas. Apesar disso, eu diria que é bom, e até necessário, o simples iniciado ou simpatizante investigar ou acessar essas esferas fascinantes. Não somente o novato entenderia a filosofia e doutrina religiosa que começam a se transformar em simpatia ou devoção como, também, estaria mais bem preparado, em um nível consciente e subliminar, para compreender e interpretar mensagens conectando-se com seu eu interior. Se ele tivesse a chance e o prazer de consultar as conchas ou outro sistema divinatório pertencente à antiga religião Iorubá, ele poderia se encontrar (*emipadê*) na longa estrada que a vida lhe ofereceu para incorporar neste planeta.

Para neófitos, ou para quem não tem relação alguma com essas correntes filosófico-religiosas, o treinamento cultural e a prática divinatória ajudarão a explorar e se aventurar nos caminhos atraentes e envolventes da profecia usando o método Dilogun como aprendizado e reconhecimento de uma excelente técnica divinatória e, é claro, as outras que são explicadas aqui. Todas estão interconectadas com a magia suprema da adivinhação.

Os Odus recebem nomes diferentes de acordo com as fontes e origens das diferentes Casas de Santo, os Lares Religiosos, dentro de muitas variações. Você pode encontrar uma lista desses nomes no apêndice.

Os nomes mudam com frequência entre as Casas de Santo, aceitos pelo uso e costume de cada linhagem que faz o culto ou conforme a maneira como eles foram aprendidos e transmitidos. Muitas vezes, o motivo é porque várias nomenclaturas caem em desuso, adquirindo outras palavras de maior força ou poder invocatório, em que o sacerdote elabora seu próprio código que, em geral, refere-se a outras classificações dentro dessa variedade.

Deve-se levar em conta que pode haver diferenças e trocas, todas as quais são validamente transmitidas de Pai para Filho de Santo, ou de Padrinho para Afilhado. Com essas dezesseis combinações básicas, ou qualquer outro agrupamento que mantenha seu sentido inalterável de funcionalidade e significado, teremos de levar em consideração a quantidade de conchas abertas ou fechadas em cada uma delas. Portanto, as posições a seguir determinam:

Uma concha aberta e quinze conchas fechadas.
Duas conchas abertas e catorze fechadas.
Três conchas abertas e treze fechadas.
Quatro conchas abertas e doze fechadas.
Cinco conchas abertas e onze fechadas.
Seis conchas abertas e dez fechadas.
Sete conchas abertas e nove fechadas.
Oito conchas abertas e oito fechadas.
Nove conchas abertas e sete fechadas.
Dez conchas abertas e seis fechadas.
Onze conchas abertas e cinco fechadas.
Doze conchas abertas e quatro fechadas.
Treze conchas abertas e três fechadas.
Catorze conchas abertas e duas fechadas.
Quinze conchas abertas e uma fechada.
Dezesseis conchas abertas.

Observando essa determinação numérica da quantidade de conchas abertas, percebemos que a regra que se assume é a da ordem de surgimento das diferentes posições relacionadas anteriormente mencionadas.

Orixás que se Expressam em Cada Odu

Um Orixá específico pode se expressar em cada um dos Odus, e é frequentemente acompanhado por outros Orixás que se aprofunda no valor real do signo. Todos se referem à mensagem que desejam transmitir de maneira simples, ao mesmo tempo ricas em termos éticos e espirituais.

Aqui descobrimos que, nas diferentes linhas de culto, pode haver diferentes considerações, e muitas diferem em relação ao Orixá que rege ou governa o signo e tem autonomia ou poder diretivo a respeito da mensagem a ser transmitida. Mesmo dentro da mesma linha pode haver diferenças por causa das diferentes casas religiosas.

Levando isso em consideração, compilei duas listas que considero mais atuais e que fazem parte das tradições afro-cubana e afro-brasileira. Já sabemos que o Brasil e Cuba foram o berço da Santería nas Américas e que, a partir daí, a tradição se espalhou para outros países.

Na Tradição Afro-Brasileira

1. Exu e Eleguá
2. Ibeji e Ogum
3. Ogum, Xangô
4. Xangô, Iemanjá e Iansã (ou Oyá)
5. Oxum, Iemanjá e Omulu
6. Xangô, Iansã ou Oyá, e Oxóssi
7. Exu, Iemanjá e Xangô
8. Oxalá (Oxaguian)
9. Iemanjá, Iansã ou Oyá, e Xangô Aganjú
10. Oxalá (Oxalufan), Xangô Agodó e Oxum

11. Iansã ou Oyá, e Exu
12. Xangô, Iansã ou Oyá, Ossaim e Iemanjá
13. Obaluaiê ou Xapaná, e Naná Buruku
14. Oxumarê
15. Obá
16. Orumilá

Na Tradição Afro-Cubana

1. Exu, Eleguá, Xangô, Yewá, Aganju e os eguns
2. Ibejis, Oxóssi, Ogum, Orixá Okô, Xangô e Obatalá
3. Ogun, Oxóssi, Iemanjá, Eleguá, Aganju e Obatalá
4. Xangô, Olokun, Obatalá e Iemanjá
5. Oxum, Naná Buruku, Orulá e Eleguá
6. Xangô, Ossaim, Orulá, Eleguá, Oxum e Oxóssi
7. Iemanjá, Oxum, Ogum, Eleguá e Obatalá
8. Obatalá, Orulá, Oxum e todos os santos em geral
9. Oyá, Obá, Xangô, Aganju, Yewá, Ogum e Obatalá
10. Obatalá, Oxum, Naná Buruku, Oyá e Yewá
11. Exu, Babaluaiê, Eleguá, Xangô, Oyá, Ogum e Orulá
12. Xangô, Ossaim, Dadá e Obatalá
13. Babaluaiê, Naná Buruku, Eleguá, Oxum e Obatalá
14. Yewá, Olokun, Naná Buruku e Obatalá
15. Obatalá, Iemanjá, Oxum, Orulá e Oxóssi
16. Orulá

Lendo os Dezesseis Búzios

Quando a pessoa que vai consultar as conchas se muniu de todos os implementos necessários, e após acender uma vela para o seu Anjo Guardião, ela deve encher uma taça ou copo com água limpa e cumprir todos os requisitos da preparação espiritual. Entrega-se ao consulente uma parte do *ebó*, por exemplo, uma pequena cabeça de um boneco, de preferência feita de madeira, dizendo: *Awonrá Ki Ibó Awonrá*.

A pessoa deve segurar com firmeza o objeto entre as duas mãos. O vidente continuará fazendo suas preces e invocações, e a ordem de prioridade vai variar.

Em muitas variações do Africanismo, não é tradição entregar esses objetos. Em vez disso, tocando previamente a fronte e o topo da cabeça de quem que vai revelar as conchas, a pessoa recebe duas conchas chamadas *Addelé*, uma em cada mão (pertencentes a um conjunto de dezoito conchas, ou grupo de conchas que constituem o jogo chamado "Conchas de Eleguá", composto de 21 peças).

Isso estabelece uma comunicação entre o padrão do jogo, ou conjunto de conchas, o guia espiritual do consulente e o guia espiritual do vidente. O ritual dura o tempo necessário para o Babalorixá *moyubar* (saudar) os Orixás. Em seguida, as conchas são colocadas no cesto, e tem início a leitura e interpretação dos Odus com as dezesseis conchas. Para que o sacerdote não interrompa a consulta com a mesma pergunta, é muito importante ele anotar em um livreto o nome do consulente, bem como outros dados e observações que considerar necessários para serem usados em outro momento.

Muitos sacerdotes começam com o Meji número 13, Ejiologbon – convém que o consulente vá ver um Babalaô, para que ele interprete o oráculo com maior precisão. Outros consideram que podem avançar na leitura e interpretar seus *erós* – segredos – conforme a própria preparação, de acordo com a casa religiosa ou o próprio Axé, que dependerão não apenas de sua capacidade inata e existência espiritual, mas também de sua árvore genealógica religiosa.

Outros objetos compõem o ebó do Babalorixá: o efún (tipo de argila branca usada como tinta para desenhar caracteres religiosos), frutas e sementes, como obí e orobó.

Os Santeros cubanos e, de modo geral, os de influência afro-caribenha acrescentam sementes de guacalote ou uma pequena pedra Otá. A pequena Otá, junto com o efún, são um jogo de perguntas e respostas que o vidente deve pôr em prática quando o signo que apareceu traz bons resultados: *Ebboda*. Nesse caso, significa que ela tem Iré, do contrário, significaria *Osobbo*, o desfavorável ou negativo e que cancela o bem.

Quando o efún e o pedregulho são concedidos, parte da leitura será definida dependendo da mão que o vidente pede, a esquerda ou a direita. A mão esquerda é solicitada quando o signo obtido é maior, e a direita, quando o signo é menor. É aí que entra o efún.

O sacerdote pede a mão que corresponde à solicitação e, conforme o ebó que está ali, a resposta será sim ou não. O efún representa uma resposta positiva, e a pedrinha, uma negativa. Se for esse o caso, é uma posição Ebboda e, portanto, traz Iré.

Fechado / Aberto

Significados dos Odus

1. Okana / *Uma concha aberta e quinze fechadas*

"O princípio começou por meio da Unidade, a força motriz do uno, e foi assim que o Mundo teve início. Daí em diante, se o bem não existe, não há o mal."

Exige-se atenção máxima do consulente, porque Exu o está protegendo de influências negativas ao redor que trazem discussões, disputas, mal-entendidos e confusões. Pode ser que o consulente – que vive com Exu –, seus amigos, parentes ou colegas de trabalho vivenciem esses reveses.

Tome cuidado com doenças. Você deve prestar atenção a problemas de saúde e ir ao médico em caso de sintomas.

Seus caminhos estão interditados, e suas esperanças, frustradas. Você tem obstáculos econômicos e problemas de trabalho.

Cuidado com roubos ou perda de coisas de valor.

Comece com o primeiro passo: cuide-se. A generosidade começa em casa. Se você não se sente saudável, forte e feliz, nem tem um emprego decente, não conseguirá, mesmo que queira, ajudar os outros com plenitude e capacidade total. Primeiro, resolva o que é importante e prioritário: você. Depois, poderá resolver as outras coisas.

Este Odu se refere ao início do mundo, em que a unidade era necessária para modelar o planeta, mesclando-se em uma única coisa: luz e escuridão, terra e água, ar e dogo, noite e dia, poder de contração e expansão, tudo camuflado e unificado para criar uma massa corpórea grande e densa.

O poder da Terra abarcou o céu, a água e o fogo eterno das imensidões profundas do núcleo, e a partir daí se expandiu rumo ao Cosmos.

Do ponto de vista da cultura oriental, embora hoje em dia isso seja muito comum na linguagem ocidental, diríamos que o eterno equilíbrio dos opostos se estabeleceu: Ying e Yang, ou masculino e feminino. Ambas as forças estavam presentes na elaborada sistematização dos princípios, em busca de equilíbrio para harmonizar todas as coisas.

Logo, o consulente precisa se mobilizar por meio dessa conjunção de harmonias se deseja obter resultados concretos e positivos. Deve-se buscar o equilíbrio a partir de dentro, como expressão de uma meditação saudável e balanceada. Só assim ele será capaz de elaborar coisas, direcioná-las e projetá-las com uma base firme, e não frágil.

A busca por equilíbrio interno se refere à harmonia existencial do indivíduo com toda a sua história do passado. Você deve solucionar dúvidas relacionadas a sua história pessoal que abarquem fases iniciais de sua vida. Esclarecer essas situações e tentar lidar com elas o máximo possível buscando soluções é a maneira de revitalizar processos pendentes, conferindo força para começar e ímpeto para dar início a seus planos e concretizá-los.

Patakkí

Assim como a crença de que o Santo vem do mar como princípio da vida e as conchas são as vozes dos Orixás, também se sabe que a casa das deidades e a ponte que conecta este Mundo com o Reino Sagrado é a Otá, ou a pedra consagrada como o lar do Orixá.

Se a criação da pedra (Otá) marca o nascimento do Santo, o coco, fruta e símbolo do Eleguá, é o que faz nascer e dá força (Axé) a Otá no início.

Diz a lenda que, por conta de seu espírito incansável e curioso, Eleguá (aquele que vê e descobre tudo) encontrou uma coisa redonda e escura no chão, e o brilho dela chamou sua atenção. Ao se aproximar e pegar o objeto, Eleguá notou que ele reluziu com uma força estranha, mas era apenas um coco.

A vitalidade e a aparência estranha do fruto não o intimidaram. Ao contrário, elas o incentivaram a levar o coco ao palácio para mostrá-lo aos seus pais. Após exatos três dias (o número de Eleguá), ele ficou doente e, ao cair da noite, sua força vital começou a diminuir ao mesmo tempo que o brilho esbranquiçado e avermelhado do coco aumentava. No fim, sua vida se extinguiu por completo.

Os sábios compreenderam que Eleguá queria continuar vivendo, e que o coco recebera parte de sua alma. Eles ficaram maravilhados, e a partir desse momento veneraram o fruto por muito tempo, homenageando-o e oferecendo presentes, porque sabiam que a alma de seu príncipe habitava ali.

Com o tempo, os sábios mais velhos morreram e a lenda pareceu perder força dia após dia. Ninguém mais se lembrava de Eleguá ou do coco. Entristecido, o fruto parou de brilhar até se extinguir totalmente. Infortúnios como pragas, tempestades, naufrágios, fome e doenças de todos os tipos invadiram o reino de Añagui. Alarmados, os videntes se reuniram, e, percebendo a situação, foram verificar o coco, que estava apodrecendo atrás da porta do palácio onde o príncipe o deixara.

Os Oráculos afirmaram que eles deveriam substituir o coco por alguma coisa forte, como o espírito de Eleguá, e uma coisa dura, como seu caráter e temperamento. Foi assim que eles ordenaram fazer uma pedra preta, de formato quase piramidal, com três lados protuberantes que, como o coco, era branco por dentro e abarcaria a luz da alma de seu detentor.

A Otá substituiu o coco e trouxe prosperidade ao reino recebendo, em primeiro lugar, as oferendas requisitadas.

2. Eji-Okô / *Duas conchas abertas e catorze fechadas*

"Rivalidade entre irmãos: uma flecha entre eles."

Você é traído por pessoas próximas ou por parentes que não reconhecem suas boas intenções, prejudicando o relacionamento com influências negativas.

Disputas e brigas entre irmãos ou com parceiros por motivos econômicos ou de poder trarão dores morais.

Apesar disso, se você lutar com nobreza, sem baixar a guarda e com dignidade, a vitória estará ao seu lado. Se todos esses reveses lhe trouxerem atrasos financeiros, espere um pouco, pois mais tarde você vai recuperar suas perdas com novas oportunidades para mudar de emprego, lugar ou ambiente de trabalho.

Se você deseja que essas coisas aconteçam, siga o conselho dado e tome as precauções espirituais necessárias. Aconselha-se voltar para o início. Você pertence à ordem natural das coisas. Sua paz interna se encontra nas coisas simples, naturais. Você sentirá amor profundo por uma família e terá filhos; essa última opção é primordial para você. Mas lembre-se, a verdadeira família é constituída de pessoas que o amam para valer. O amor é um laço mais forte que o sangue.

Em termos simbólicos, isso representaria um lado mais favorável da flecha que atravessa os campos siderais como um mensageiro do além, e que percorre essa eterna jornada como uma mensagem apurada para a Terra reavaliar os ciclos da vida. Nesse sentido, a flecha fortalece os elos entre vida e morte como uma passagem perene para a vida eterna, e corrobora o princípio da reencarnação.

Isso pode fazer você pensar na pessoa que hoje é sua inimiga – talvez você a tenha afetado ou machucado gravemente no passado ou em outra fase da vida. E o motivo de algum estranho lhe oferecer ajuda neste exato instante talvez se deva ao fato de você o ter ajudado no passado com algum presente ou demonstração fraterna.

Esse exemplo demonstra o poder dos ancestrais e como eles podem voltar à Terra em diferentes manifestações.

Patakkí

Oxóssi andava pela floresta, carregando seu arco e flechas. Cansado da longa caminhada, ele se deitou sob a sombra de uma árvore. Ao acordar, as plantas, árvores e folhas pareciam abrigá-lo, como se protegessem seu sono revigorante. A sensação de paz e tranquilidade não o deixaram perceber a silhueta da alma e do espírito da floresta que tomava forma corpórea por entre as malvas verdejantes e os musgos esmeralda, até que ela se tornou a figura do grande feiticeiro e sábio das plantas. Era o herbalista natural que conhecia o poder das flores, frutas, raízes e galhos.

Sem falar com Oxóssi, o feiticeiro lhe ofereceu sua bebida encantada, símbolo da relação mais importante e íntima entre um caçador e seu hábitat, o romance eterno entre o caçador e a selva.

Oxóssi sabia que, assim como ele precisava da arte da caça, do arco e do vento que conduzia sua flecha, também necessitava adentrar as florestas, plantas, montanhas e prados. Ele precisava ser aliado e amigo do feiticeiro para conseguir atravessá-los sem dificuldade. Também sabia que somente nesses lugares poderia, e deveria, viver.

Pegando a pedra, ele disse:

— *Aceito a bebida, Ossaim, para matar minha sede e renovar minhas forças.*

Oxóssi bebeu sem tomar fôlego, sem parar e sem medir as consequências, chegando a suspeitar de que o encantamento o faria se apaixonar. Ele aceitou a bebida apesar de vários avisos de sua mãe, Iemanjá. Ela o alertara sobre tal encontro e o risco que ele poderia enfrentar. Ela havia dito:

— *Tome cuidado para não se tornar o caçador caçado.*

A partir desse instante mágico, Oxóssi nunca mais voltou para casa. Desesperada, sua mãe conversa com Ogum e lhe pede para resgatar seu irmão. Ogum caminha pela selva e encontra ervas, plantas e cipós que tentam aprisioná-lo e impedi-lo. No entanto, com um mero erguer de seu facão, as plantas demonstram hostilidade à magia e ao poder do Guerreiro Sagrado.

Ao encontrar Oxóssi, Ogum lhe diz:

— *Volte, caçador; volte para o seu lar, aqui não é o seu lugar. Seu povo e sua mãe suplicam por sua presença.*

— *Não, Ogum. Ficarei para sempre aqui na floresta, nas florestas encantadas de Ossaim, e pouco me importo se estiver enfeitiçado por seus encantos. Aqui, minhas armas estão vivas, e minha vida de caçador tem fundamento.*

Ogum retorna pelo mesmo caminho que o levou ao tal lugar, com a diferença de que desta vez ele compreende os mistérios da selva, de tudo que era verde e tinha vida. Agora as plantas vão abrindo caminho até ele chegar ao mar.

Iemanjá está à espera de boas notícias, mas logo percebe que o mar terá que se esquecer do caçador. Apesar de haver vida vegetal no oceano, com o mesmo poder das plantas existentes na terra, e também os imensos e tentadores animais que povoavam esse reino e poderiam ser capturados, Oxóssi não conseguiu entrar na água. Ele também não tinha rede de pesca, pois isso não era seu atributo ou parte de seus pertences.

Oxóssi compreendeu que sua natureza representava sua união com a floresta. Apesar disso, seu amor extremo gerou muitas lágrimas, as quais se transformaram em espuma branca que cobre as furiosas cristas das ondas.

E, como Cupido, Oxóssi se apaixonou pela flora sem saber quem é que tinha capturado quem. No entanto, o caçador não pode ser aprisionado, mesmo tendo inalado grande quantidade do feitiço, e, em algum momento, ou como dizemos em excertos e lendas diferentes, nós o veremos voltando para a esposa e filhos.

Mas a verdade é que o encantamento de Ossaim vai durar para sempre, e, para conseguir caçar a melhor presa, o caçador terá de adentrar a floresta.

Patakkí

Um homem perambulava pelo interior, sem sorte. Seu corpo estava cansado das longas caminhadas e da falta de comida, apresentando problemas de saúde e baixa vitalidade. Sem nenhuma esperança, ele foi a uma cidade vizinha. Lá, conheceu um iminente oficial, que lhe ofereceu apenas uma pequena porção de comida em troca de trabalho em suas plantações.

Desesperado e abatido, ele aceitou sem calcular o nível de ganância do seu empregador. Trabalhava noite e dia, parando apenas para comer e recobrar as forças. Um dia, enquanto lavrava a terra, um velho apareceu na sua frente, dizendo:

— *Você deixou estas terras férteis, que pareciam mortas, com o próprio esforço e trabalho, sem descanso, com seriedade e respeito. Você deve ser o filho de Orixá Oko, a deidade da terra, o protetor dos agricultores e das plantações.*

Ouça-me. Hoje à noite, você vai enterrar neste lugar, exatamente onde estes bois estão agora, uma fruta, um grão e um vegetal ou tubérculo de cada espécie ou variedade que a terra lhe deu como sinal de sua grande generosidade. Assim, você verá como a terra também o fará florescer, e a abundância virá às suas mãos.

Atônito, mas cheio de fé, próximo à meia-noite, ele começou a preparar todas as coisas que o ancião recomendara. Foi ao local indicado e se pôs a cavar com todos os tipos de utensílios, sem perceber que o patrão o observava.

Conforme os dias se passavam, seu espírito reluzia de júbilo e felicidade, seu corpo se tornou incansável e parecia rejuvenescido. Ao vê-lo tão contente, o proprietário das terras começou a suspeitar de que o objeto enterrado tão silenciosamente pelo homem era produto de algum roubo perpetrado contra si. O proprietário achou que esse era o único motivo para tal situação quase incompreensível de satisfação e alegria real, e sua ganância o levou à retaliação.

Incapaz de suportar o que estava acontecendo, o dono das terras acusou o homem de ser um ladrão e, usando sua influência, ordenou que o prendessem. Após serem feitas as investigações correspondentes, descobriu-se que o acusado enterrara apenas grãos e frutos. Ele não tinha enterrado nada de valor econômico real, dinheiro, prata, joias, nada que indicasse um roubo. Consequentemente, a fortuna do agricultor cresceu, assim como sua fama e honestidade.

Por outro lado, o infeliz proprietário ficou ainda mais empobrecido quando teve de pagar ao trabalhador parte de suas terras por difamação e calúnia, e também pelos abusos que cometera ao acusá-lo de ladrão. O preço que ele pagou pela maledicência e pelas falsas acusações se revelou muito alto.

Foi assim que o agricultor ganhou prestígio e começou a ser requisitado de lugares distantes, para que suas mãos mágicas recuperassem as terras e as tornassem férteis e ricas.

3. Ogundá / *Três conchas abertas e treze fechadas*

"Brigas, disputas e discussões: elas confundem e trazem tragédias."

Mantenha sua posição de comando e não deixe outros interferirem nas suas coisas pessoais, menos ainda em assuntos profissionais.

Muitas pessoas vão querer tomar seu lugar, e você terá de defendê-lo. A melhor coisa a fazer é premiar o justo e barrar o equivocado, para que as ações deste último não transcendam. Dessa maneira, você garantirá sua posição, sendo ativo em um processo autêntico e justo de recompensas e gratificações.

No futuro, você sorrirá e se alegrará. Os pesadelos ficarão para trás, e sua posição será fortalecida e segura, sem adversários em potencial. O trono será garantido para o comandante justo e igualitário.

Lembre-se, um reino tem somente um Obá (Rei) e, para exercer seu mandato, o soberano deve governar com igualdade. Tomando essas medidas, o que seria usurpado voltará, o que se perdeu será recuperado, e o que foi surrupiado por más ações será recobrado.

Defenda suas coisas e tudo o que você tem, mesmo as emocionais – como seus entes queridos, por exemplo. Tente evitar brigas e discussões, pois elas podem ser bem perigosas. Tente não se alterar; cuide dos seus nervos. Da mesma forma, calibre suas ações e meça consequências e resultados.

Talvez o melhor ataque seja a defesa e proteger seus pertences. Proteja-se. É a melhor maneira de reagir à luta real; é um meio de sobrevivência. A corrente da vida se baseia nesses movimentos ininterruptos de dificuldades, trabalho, esforço, perseverança e descanso. É o símbolo da luta pela vida. É essencial resgatar esses valores em sua vida diária. Descartá-los é sinônimo de perdas e catástrofes.

Este Odu, regido por Ogum, confere uma disposição revalorizada por coragem e bravura. Essas qualidades capacitam você a batalhar contra reveses, ensinam e dão conselhos salutares para não passar por cima das dificuldades que podem surgir durante as tarefas que você assumiu. Você pode e deve lutar contra dificuldades, independentemente da dimensão delas. Faça isso e perceba como o horizonte começa a ficar mais claro, aliviando a carga emocional que andava impedindo suas ações.

O signo, que significa "Ogum criador", manifesta e exerce sua ação representando, com o facão, o corte de ervas daninhas e plantas perigosas espinhosas ou venenosas. Dessa forma, os caminhos dos seres humanos se abrem permitindo a passagem da luz para iluminar os bons passos rumo a metas concretas e frutíferas. Afastar as ervas daninhas e plantas nocivas reflete o verdadeiro simbolismo da mensagem, que representa as inconveniências e conflitos deixados de lado por meio de força de vontade e luta árdua.

Patakkí

A lenda conta a vergonha enfrentada por Ogum quando, no início dos tempos, ele morava com Oxóssi, o caçador, e seu irmão Eleguá.

Ogum, sempre passional e impulsivo, não conseguia conter ou disfarçar o profundo amor por sua mãe. Ela estava sempre ocupada, e não percebia o drama interno pelo qual o filho passava ou o enorme pesadelo que o aguardava por não conter seus instintos mais primitivos sem pensar nas consequências, ou por ser incapaz de distinguir o certo do errado.

Em sua impulsividade cega, e devido à ausência do pai, Obatalá, o bravo guerreiro, começou a sentir atração física e desejo pela mãe. Esses desejos corromperam sua paz e estabilidade, expondo-o diante dos olhos de Eleguá, sempre vigilante e atento. Nada passava despercebido a Eleguá, muito menos o estranho comportamento do irmão.

No início, Eleguá ficou confuso com a situação. Os galanteios constantes e o cuidado excessivo de Ogum, com características que não correspondiam a uma relação genuína entre mãe e filho, o fizeram suspeitar. Apesar das evidências e do receio de que algo não andava bem com os sentimentos alterados do irmão, e embora eles não se manifestassem de outra forma, Eleguá reforçava sua vigilância a cada dia.

Sem esperar as vias de fato, Eleguá não hesitou em contar ao pai sobre suas suspeitas. O comportamento do irmão dava a entender que ele estivesse apaixonado pela própria mãe. Muito entristecido, Obatalá decidiu voltar para casa de surpresa, para ver com os próprios olhos o que Eleguá lhe contara. Ao retornar, ouviu a esposa gritando de desespero. Surpresa e com medo, ela tentava se esquivar das insinuações quase violentas do filho confuso.

Obatalá entrou de surpresa na casa, e, com um único gesto, digno de um rei, silenciou a cena grosseira e deu fim à situação apenas com sua presença.

— *Pai...*

Ogum disse, ajoelhando-se diante dele cheio de vergonha e desconforto.

— *Perdoe-me, por favor. Não sou digno de ser seu filho. Não sou digno desta casa, nem de pisar no chão que o senhor e minha mãe pisam. Não viverei o bastante para me arrepender de minhas faltas e expiá-las.*

Não diga nada, eu imploro. Seu silêncio é meu maior castigo e tormento. De repente, entendi todo o mal que teria ou poderia ter cometido. De agora em diante, trabalharei de sol a sol. Partirei para terras longínquas e talvez o tempo apague essa terrível afronta. E, enquanto a Terra existir, trabalharei sem cessar. Talvez isso não me faça refletir sobre o hórrido, nauseante e incompreensível de minhas ações passadas e minhas intenções inomináveis.

Adentrando as profundezas da selva com ajuda do facão, Ogum se tornou o grande ferreiro, como Ogum Arerê, trabalhando metais como um verdadeiro mágico. Insistia na descoberta de novas ligas que pudessem constituir elementos de espadas e outras armas para combater o mal.

Apesar de sua nobre missão, Ogum não tinha paz e, atordoado pela dor, viveu a maior das *arayés* (tragédias). Sua confusão lhe trouxe dor, tristeza e sofrimento. Ogum acreditava que o dano que causara nunca seria reparado, e que ele nunca seria esquecido e, muito menos, perdoado.

Sua mãe e irmãos imploraram a Obatalá. Vendo o desespero da família e todo o bem que Ogum tentara fazer, bem como seu arrependimento genuíno, Obatalá demonstrou benevolência e o perdoou. Tudo foi enterrado como uma lembrança ruim, e dali em diante Ogum se tornou o primeiro combatente sob suas ordens, brandindo sua espada e lança contra as bestas selvagens e a representação do mal.

4. Irosun / *Quatro conchas abertas e doze fechadas*

"Não se sabe o que existe nas profundezas do mar."

Seus propósitos e objetivos estão confusos. Você é como um livro antigo em que as frases não estão mais legíveis, e as teias de dúvidas e incertezas que o cobrem tornam a leitura impossível. Ao que parece o tempo foi implacável, destruindo sua legibilidade e compreensão.

Seus medos pesam muito mais que sua realidade. A escuridão do medo infunde imobilidade, impedindo-o de planejar a vida ou colaborar com as outras pessoas.

Talvez seu destino seja mais grandioso do que você pode evitar. No aspecto espiritual, o conselho é seguir o caminho sacerdotal servindo os Orixás e seus guias. Nesse ínterim, você não terá um plano verdadeiro ou objetivos específicos. Não aceite com facilidade iniciativas comerciais e/ou de negócios.

Não arrisque dinheiro, não invista a torto e a direito, não empreste propriedades nem atue como fiador ou testemunha de qualquer evento ou ato. Você pode perder bens materiais, investimentos, economias, pertences, objetos de valor ou coisas que lhe custam muito para conseguir. Cuidado com intrigas, ciúmes, ressentimentos, e questões em aberto ou não resolvidas. Cuidado com coisas aparentemente varridas para baixo do tapete, mas que não foram esquecidas de fato.

Todas as situações mencionadas podem surgir porque você ainda não consegue especificar com clareza o que existe além das coisas que não estão na superfície ou próximas da sua vista.

Ninguém que não tenha dons proféticos pode prever as coisas e eventos futuros, nem impedir ações cotidianas. Previna-se, elabore, medite, consulte e só então resolva. Esses são os passos corretos a seguir.

A decisão deve estar clara. As soluções e respostas precisam ser buscadas com total conhecimento e convicção. Quando um navio naufraga, é necessário pular nas águas mesmo sabendo que elas são muito profundas. Apesar disso, o instinto de sobrevivência dá as caras e nos dá coragem para subsistir.

De acordo com a mitologia, Osun representa a preservação do Ori. Ele deve vigiar e tomar cuidado com a cabeça, porque, se ela cair, tudo também cai por terra. Ao proteger a memória, os valores do passado são preservados e o valor da experiência é trazido para o presente, a fim de planejar um futuro preciso.

Esse signo enfatiza os verdadeiros valores no estado de consciência e equilíbrio do pensamento. Deve-se elaborar o futuro com base nas experiências passadas transmitidas pelos ancestrais. Daí a importância de preservar os costumes enraizados na memória coletiva cultural e social das pessoas. É necessário honrar os ancestrais, porque eles são os guias mais consolidados que as sociedades possuem como conselheiros de novas realidades e experiências futuras.

Conduzindo um *Ibá* (homenagem a nossos finados), nós nos conectamos com o mundo atual, nosso mundo (o mundo interior) e o ancestral, que nos traz sabedoria, metas bem-sucedidas, e projetos claros e definidos.

Patakkí

Os reinos antigos precisavam se expandir, mas suas fronteiras estavam negligenciadas e muito distantes. Não havia novos guerreiros ou homens capazes de governar com justiça os territórios anexos. Por necessidade, o Obá (rei) mandou chamar todos os que concorriam ao futuro comando dessas terras. Em uma conversa sobre a urgência de criar sub-reinos que seguissem normas preestabelecidas, com benefícios e eficácias já comprovados, o rei disse a eles:

— *Cerquem-se de pessoas de sua maior confiança, de homens leais ao rei e, acima de tudo, leais a vocês. Peritos em cada um dos temas e artes devem acompanhá-los para que seu governo seja bem-sucedido.*

A mãe de Irosun (um dos escolhidos) conversou com o filho, preocupada:

— *Tome cuidado e, por favor, não confie em estranhos. Escolha muito bem suas companhias, pois a distância entre os reinos é muito grande, mas em geral a ganância humana é maior.*

O filho respondeu:

— *Nenhum estranho me acompanha, apenas amigos que conheço e a quem aprecio sem hesitação. Eu lhe garanto, mãe: sei muito bem o que sentem. Eles são dignos e puros.*

Ainda preocupada, a mãe de Irosun acrescentou:

— *Mesmo assim, lembre-se de que está indo para terras distantes, com outros mares. Tome cuidado porque, mesmo conhecendo a fundo seus amigos, por seu próprio bem e por minha tranquilidade, lembre-se sempre de que conheço a profundidade do mar, que é mais nobre.*

Apesar dos avisos e súplicas da mãe, Irosun seguiu seu caminho sem confirmar os valores dos amigos. Ao chegarem a um local em que tinham de atravessar diferentes cavernas para continuar a jornada, os homens pararam, pois não sabiam qual caminho tomar.

Em resposta à situação, Irosun tomou a iniciativa, decidindo ser o primeiro a entrar em uma caverna que o deixou mais confiante porque, de fora, as outras pareciam escuras e impenetráveis. Após entrarem, os amigos se agruparam como aves de rapina e planejaram como assumir as rédeas da expedição. Decidiram tirar do comando o homem que, até o momento, eles vinham chamando de aliado, líder e "amigo".

O plano era matá-lo para usurpar os títulos que o creditavam como futuro regente das novas terras. Eles se esconderam e avançaram até quase chegarem ao outro lado da caverna, onde havia um pouco mais de luz. Irosun estava incomodado com a demora do grupo, e começou a ficar preocupado ao se lembrar dos alertas e conselhos da mãe. Sem saber por quê, começou a se preparar para se defender contra alguém ou alguma coisa, sem ter certeza do motivo. Gritando e brandindo armas, seus amigos traiçoeiros queriam intimidá-lo e matá-lo.

Irosun não precisou se defender muito. Quando estava pronto para lutar contra os traidores, ouviu as palavras de sua mãe como se ela estivesse perto dele, dizendo:

— ... *por seu próprio bem e por minha tranquilidade, lembre-se sempre de que conheço a profundidade do mar, que é mais nobre.*

Naquele instante, ondas grandes de repente entraram na caverna, arruinando os planos de seus inimigos, atirando-os para longe e atordoando-os em poucos segundos. Iemanjá se fizera presente com seus grandes mistérios. Como toda mãe, ela se compadecera da mãe de Irosun e ouviu suas preces pedindo pela proteção do filho.

5. Oxé / *Cinco conchas abertas e onze fechadas*

"Sangue é vida; ambos correm pelas veias e artérias. Sangue e vida são uma coisa só. Para essa função acontecer, seu coração bate, e o fluxo ininterrupto da vida não termina."

Este Odu se refere a uma pessoa muito sensível e emotiva, cuja hipersensibilidade pode levar a problemas comportamentais e transtornos físicos. Nesses casos, é aconselhável consultar um especialista que tenha experiência nessas questões.

Você vivencia reveses contínuos que o faz perder todas as coisas que ama, a que almejou e apreciou. Tais perdas estão intimamente conectadas ao seu karma, e representam as diferentes provações que você precisa confrontar. Oxum o alerta sobre o mais aconselhável no seu caso. Ela menciona que é conveniente adentrar o caminho da espiritualidade. Se você fez perguntas e indagações demonstrando interesse pelo metafísico e espiritual, convém se aprofundar nessas áreas.

Se suas crenças permitirem, seria ideal você solidificar seu Santo para entrar na Lei de Santo, no Regime de Oxá ou Oshá (Santería), ou então se conectar com qualquer corrente do Africanismo, porque sua alma tem bagagem e experiências acumuladas nesse quesito. A hora de tomar providências é agora. Mesmo que não seja a hora certa ou que você possa fazer isso depois, convém agir assim que possível.

Essa atitude poderia comprometer seu karma atrapalhando seu caminho e atrasando seus afazeres. Entretanto, é você quem decide o momento, avaliando suas necessidades espirituais, físicas e/ou materiais.

Qualquer corrente filosófica ou religiosa da qual você decidir fazer parte que tenha como objetivos a verdade e a justiça, que se baseie em boas ações sob um conceito de entidade e tenha como único propósito atingir perfeição espiritual será satisfatória. Ela o ajudará a evoluir como ser humano, elevando sua alma e refinando seus sentimentos mais avançados.

Lembre-se, esse signo esclarece que seu Anjo Guardião, seu Orixá, está escolhendo você e lhe oferecendo essa oportunidade. Este Odu também lhe diz que Oxum traz alegria a sua vida. Ela enxugará suas lágrimas e, se você ainda não tiver parceiro(a), essa deidade colocará o ser amado em seu caminho.

Você mudará de vida e talvez de casa, definindo um futuro melhor e novo sem nuvens chatas, depressão e melancolia. Dessa maneira, você se recuperará de qualquer adversidade. Lembre-se, a coisa mais importante para você é amar e ser amado. Lute para sempre consegui-la. Essa é sua razão de viver.

Oxé é o símbolo da beleza, prosperidade e abundância. Use esse valor do signo como um encantamento claro e rápido para obter essas coisas e conseguir se recuperar da melancolia e de fracassos.

Oxum é guardiã e protetora de todos esses segredos. Não à toa, é a grande maga e conhecedora de excelentes ebós. Se você seguir o caminho certo e seus conselhos espirituais, a boa fortuna e a prosperidade aumentarão com sua magia gentil e refinada.

Patakkí

A história deste Odu se refere aos dois erros mais condenados pela humanidade: a vaidade e a traição.

Vejamos o que diz a lenda.

Certo dia, Olofin reuniu todos os pássaros em uma competição de beleza, carisma e atributos pessoais. Todas as aves começaram a voar imediatamente. Algumas ficaram horas flutuando no ar, como se brincassem com ele. Da alvorada em diante, acomodaram-se no topo das árvores para ensaiar canções, e entre assovios e melodias começaram o dia trazendo alegria e esperança.

Havia um papagaio que zombava sem parar das aves, exibindo suas penas delicadas, a cor brilhante de sua plumagem e, acima de tudo, sua habilidade de imitar a voz humana. O papagaio argumentava e dizia às outras aves que venceria a competição, porque não havia nenhum outro pássaro capaz de imitar e repetir as vozes das pessoas com tamanha acuidade.

O papagaio falava demais e sem parar. Não apenas irritava ao ficar repetindo o discurso como, também, muitas aves começaram a sentir ciúmes e inveja, além de quererem que um animal tão exibido não tivesse mais nada do que se gabar, chegando a desejar que ele perdesse seus atributos.

Assim nasceu a mãe de todas as outras iniquidades. O que antes era símbolo de alegria e irmandade entre os pássaros acabou virando uma rivalidade injusta e corrosiva. Muitas aves, que haviam se deixado levar por sentimentos vis, voaram até picos muito altos. No topo da montanha vivia um velho que, isolado de todo mundo, praticava magia maligna.

O ódio que o homem sentia o transformara em um ser maldoso e ressentido, afastando-o de seus entes queridos e das pessoas em geral. As aves voaram ao local onde o feiticeiro vivia. Os ventos sopravam cada vez mais forte, e o esforço para chegar lá ficou maior. Cansadas e exaustas, as aves chegaram à precária casa do velho. Após ouvir as histórias, o feiticeiro deu *Ofochés* (pó amaldiçoado que causa danos) aos pássaros e recomendou jogá-los nas asas e na cabeça do papagaio o mais perto possível. Isso o deixaria totalmente instável.

Quando chegou o dia da competição, bem na hora em que o papagaio passou em frente ao júri, um bando de aves voou bem perto, quase o tocando, e jogou nele a chuva maligna de pó encantado. O papagaio começou a se enfurecer. Sua língua faladeira não parava de dizer incoerências. Suas penas ficaram opacas, perdendo todo o brilho. A instabilidade sofrida pelo pássaro o fez cair e rolar no chão. Era um espetáculo triste e lamentável.

De repente, ouviu-se a voz de Olofi:

— *Não há beleza maior que a alma ou reconhecimento maior para ela que vibre cada vez mais em harmonia e plenitude. Está longe disso quem se gaba dos próprios atributos e, igualmente, quem inveja aquilo que não lhe pertence.*

Todos obterão o que merecem. Quem ficou de fora desse triste episódio voará sem cessar de terra para terra através dos continentes, tão alto que nenhuma alma se igualará, porque a maior beleza é o dom inestimável de voar.

E daqui em diante, como lição, as penas do papagaio se tornarão a arma mais eficaz contra pós maléficos.

Quanto aos outros, os traiçoeiros que já voaram bem baixo, eles já conseguiram, por meio de planos malignos, ficar mais perto da escuridão que da luz. A eles, digo o seguinte: nunca atingirão as alturas durante o voo, nem a velocidade de outrora, até serem novamente dignos delas.

E encerrou dizendo isto:

— Que a tristeza que hoje recai sobre nós sirva de lição e nunca corrompa a fraternidade entre todos. Que assim seja. Axé.

6. Obará / *Seis conchas abertas e dez fechadas*

"Um verdadeiro monarca não governa com mentiras."

Quimeras e ilusões não passam de fantasias irreais. Jogue-as fora, não as considere nem permita que transmitam ideias ou pensamentos ilusórios.

Seja coerente e pé no chão. Não se escore em uma modalidade que respalde ou permita que você se desvie da realidade usando de mentiras ou omissões. Fale a verdade, sem permitir nenhuma distorção.

Sonhar não é ruim, mas é lamentável passar a vida em um mundo de ilusões. O exagero aumenta e distorce os conceitos da realidade.

Se estiver lidando com injustiças, não julgue em vão nem faça declarações sem fundamento. Aja com prudência e verdade.

Comandar a própria vida, no sentido pleno da palavra, é fazê-lo com justiça e verdade em atitudes e palavras. Do contrário, você não pode ser seu próprio líder nem saber onde começam o falso ou o verdadeiro.

Esse signo recomenda coerência e equilíbrio nas atitudes, colocando a verdade acima de tudo em um sentido prático e realista. Se não puder seguir à risca, não faça julgamentos nem dê opiniões que possam comprometê-lo seriamente em questões de valor real.

A maior das fantasias e incoerências pode ser a ganância e a ambição excessiva.

O signo aconselha equilíbrio entre desejos terrenos e valores espirituais.

É essencial mensurar o que é justo e necessário para calibrar com precisão suas opiniões, julgamentos ou as etapas seguintes.

É aconselhável não se deixar levar por opiniões precipitadas que não sejam fielmente verificadas de maneira confiável.

Parâmetros falsos ou errôneos, bem como fontes não confiáveis de referências, são perigosos pra valer. Remova-os e os tire do caminho.

Aconselha-se meditação e reflexões profundas em busca de uma análise mais aprofundada das situações.

Todo comandante exerce suas funções com um único propósito, uma única meta e um único objetivo: governar para e em prol de seu povo.

Seus interesses não devem ser outros se não os de sua comunidade e sociedade. Você tem que descartar ou deixar de lado os pessoais. Lembre-se de que a coerência e a verdade devem prevalecer em suas ações.

A prosperidade que você é capaz de obter deve ser mantida com humildade, sem ostentação ou exibicionismo. Aconselha-se ficar em silêncio quando a inveja aparecer. No silêncio, você jogará fora o ciúme e negatividades. Guarde silêncio e será próspero.

Revele o que tem e, infelizmente, perderá tudo.

Também se recomenda discrição. A prudência e o segredo são seus melhores aliados para o sucesso verdadeiro.

Prudência ao falar e reserva ao se manifestar, junto com uma alma generosa, são os ingredientes para o triunfo total e absoluto.

Patakkí

Uma grande festa foi organizada no palácio de Orumilá, e os Orixás prepararam todos os seus presentes com enorme empolgação e entusiasmo. Os preparativos tiveram de ser muito detalhados considerando-se o evento de tamanha magnitude e importância, e nenhum pormenor devia ser deixado de lado abandonado à própria sorte.

Um dos Orixás, entretanto, estava muito preocupado, com um olhar perdido para o horizonte como se estivesse em busca de uma saída. O Orixá parecia observar algo tão inatingível quanto o infinito nas soluções que desejava encontrar.

Em profunda contemplação, Ossaim quis perpetuar os momentos que o distanciavam temporariamente de seu problema real e, portanto, dar um jeito na sua tristeza. Xangô veio à sua porta e, surpreso por vê-lo naquele estado, perguntou:

— *Ossaim, kilo se? (Ossaim, o que há com você?)*

Ossaim respondeu com um olhar melancólico e um gesto de depressão profunda. Xangô o interrogou com energia, perguntando o que significava aquela atitude, e disse:

— *Ossaim, ki le yi! (Ossaim, que é isso!)*

O grande herbalista caminhava com desconforto, até que disse:

— *Estou muito envergonhado. Sinto-me muito mal porque eu, logo eu, não tenho frutos suficientes para levar à grande festa e importante ocasião. Só tenho inhames e abóboras. Minha colheita foi muito fraca este ano! Eu, detentor de todas as folhas, plantas e seus frutos, me sinto humilhado e inferior aos outros Orixás. Sinto tristeza porque ayié nilé mi (a terra de minha casa) não está Iowó (rica este ano), e, portanto, eu também não.*

E continuou contando a Xangô:

— *Você pode imaginar que, nessa condição, não conseguirei participar e fazer as saudações com afeição.*

Quando os frutos foram levados a Orumilá, ele perguntou a Xangô:

— *O que são essas abóboras que você separou e acomodou com tanto cuidado, destacando sua presença e as diferenciando de todos os outros presentes?*

Xangô respondeu com a maior dignidade, relatando tudo o que aconteceu.

Orumilá pegou uma única abóbora, espremeu-a entre as mãos e a soprou seis vezes. Em seguida, colocou-a acima das outras, soprando-as também, porém mais devagar. Voltando a Xangô, disse, com solenidade:

— *Leve esses frutos já soprados de volta para Ossaim.*

Xangô partiu e explicou ao grande herbalista tudo o que aconteceu.

Ossaim ficou confuso e triste. Alguns dias depois, a fome de sua família apertou e sua esposa lhe pediu, desesperada:

— *Por favor, Ossaim, corte um desses frutos que Orumilá não quis.*

Ossaim concordou, e se pôs a abrir um por um com a ajuda de uma lâmina.

Ficou muito surpreso ao descobrir que, dentro do primeiro fruto, do segundo e de todos os outros, havia dinheiro. A recompensa pela humildade e dedicação veio como justiça para favorecer e premiar a ausência de ganância e arrogância. Agora Ossaim estava rico, poderosamente rico!

Patakkí

Obará fazia parte de uma família de dezesseis irmãos, com os mesmos nomes dos dezesseis Odus. Sua família estava sempre distante por causa da pobreza de Obará e das condições humildes em que ele vivia.

Os outros quinze irmãos eram homens ricos e poderosos, empresários e mercadores abastados que desprezavam o irmão por não ter a mesma igualdade econômica. Todo ano eles consultavam um sacerdote Ifá para descobrir como manter ou aumentar ainda mais sua riqueza.

Em uma das consultas com o Ifá antes do fim do ano, os quinze irmãos perguntaram ao Babalaô como manter sua riqueza. O sacerdote previu:

— *As riquezas vêm em conjunto, porém, vocês não parecem totalmente unidos. Todos os irmãos estão aqui? Ou há alguém ausente?*

Eles responderam em uníssono:

— *Sim, nosso irmão Obará está ausente, mas ele é pobre e não estamos nem um pouco interessados.*

— *Às vezes, na pessoa mais pobre ou insignificante reside a verdadeira grandeza da riqueza.*

Todos se entreolharam, tomando a resposta do Babalaô como uma frase metafórica e de efeito moral.

Quando terminaram a consulta, ele disse aos irmãos:

— *Como de costume, darei um presente a cada um. Quero ser generoso e, ao mesmo tempo, igualitário, e a única coisa que tenho em número quinze são abóboras. Aceitem-nas e sejam felizes.*

Os quinze irmãos saíram decepcionados com a humildade dos presentes, mesmo sabendo que, na África, após consulta com um sacerdote, ele dá simbolicamente algum presente a seus consulentes. Os irmãos conversaram e fizeram pouco da situação, ofendidos por um presentinho tão mixuruca.

Por fim, um deles exclamou:

— *Vamos à casa de Obará. Lá, comeremos e passaremos a noite, e no dia seguinte voltaremos para nossas casas. Mas primeiro deixaremos com ele esses presentes insignificantes.*

Obará e sua família receberam os irmãos de braços abertos, e, por sua falta de malícia, ele não fez perguntas. Os irmãos comeram quase com perfídia tudo o que ele pôde oferecer, e no dia seguinte foram embora, não sem antes lhe dar as quinze abóboras.

Durante quase seis dias, uma tempestade devastou o lugar ininterruptamente, e a pouca reserva de comida que a família tinha estava acabando. Obará disse a eles:

— *Infelizmente teremos de comer o presente que meus irmãos trouxeram.*

Ao abrir a primeira abóbora, ele encontrou uma grande quantidade de moedas de ouro, que saíam sem parar do interior. Isso também aconteceu com os outros frutos. Riquezas enormes saltavam aos olhos: pérolas, pedras preciosas, ouro, prata e outros metais inestimáveis.

Surpreso por tamanha fortuna, Obará ficou perplexo e quase paralisado. Então, ele ouviu:

— *Não conte a ninguém. Não diga nada. Guarde segredo para preservar suas riquezas.*

A voz alertava discrição e reserva.

Com o passar dos meses, suas riquezas aumentavam e a dos irmãos diminuía. Preocupados, os irmãos decidiram voltar e consultar outro Babalaô, que lhes disse:

— *As riquezas vêm em conjunto, porém, vocês não parecem totalmente unidos. Todos os irmãos estão aqui? Ou há alguém ausente?*

— *Nosso irmão Obará está ausente,* disse um deles.

Outro irmão acrescentou:

— *Agora ele é o mais abastado de todos nós.*

O vidente continuou:

— *Todos vocês, ao rejeitarem coisas humildes, rejeitaram a riqueza. Dentro do que vocês deram a seu irmão havia uma verdadeira fortuna. Foi isso que tornou seu irmão uma pessoa rica e poderosa. Darei a cada um de vocês uma moeda, a qual guardarão pelo resto do ano. No entanto, não consigo prever tanta prosperidade até o fim do ano. Sim, as abóboras continham, e contêm, a chave para tudo.*

Após ouvirem as últimas palavras do vidente, os irmãos, desesperados, correram para a casa de Obará, disputando entre si para chegar primeiro a fim de poderem reivindicar o que consideravam que ainda lhes pertencia. Quando chegaram à casa, descobriram que não era a mesma de antes. Agora, à sua frente, havia um verdadeiro palácio.

— *Dê a cada um de nós as abóboras que deixamos na sua casa!*

Eles gritavam repetidas vezes, de maneira um tanto violenta.

Quando Obará estava prestes a atendê-los, ele ouviu a mesma voz admonitória de antes repetindo a mesma mensagem:

— *Não conte a ninguém. Não diga nada. Guarde segredo para preservar suas riquezas.*

Obará respondeu imediatamente, apontando para o chão:

— *Meus irmãos, aqui está o que me pedem; alguns dos frutos já estão podres, outros foram comidos pelos porcos.*

Os irmãos eram a pura imagem do desencanto e da decepção. O oráculo não se enganara. Por trás da humildade, havia grande riqueza.

7. Odi / *Sete conchas abertas e nove fechadas*

"No início havia um grande vazio. Em seguida, o lugar onde estava o vazio se encheu de água."

"No início" refere-se ao começo dos tempos, quando, de acordo com conceitos filosóficos, acredita-se que o caos existiu antes da ordem. Levando em conta o estado de confusão primária, o equilíbrio foi então estabelecido.

O sentido metafórico da imagem do vazio se refere a uma ótima capacidade de concepção futura. O vazio se enche de água, criando uma dualidade visual, já que ele pode abarcar e reter água. Ele também pode ter capacidade para fazer tudo cair num eterno vazio sem horizontes ou fins. Essa dualidade significa que, quando esse signo é presenteado com Iré, ela traz algum benefício fazendo-se um ebó e obedecendo ao que se pede no caminho.

Por outro lado, muitos a consideram o pior dos Odus, pois apresenta todos os infortúnios possíveis. O consulente deve tomar cuidado com doenças, que podem ser de natureza epidêmica, eruptiva ou infecciosa. Recomenda-se proteger seu parceiro e lar, sem permitir nenhum tipo de deslealdade da parte de ninguém.

Suas energias estão disassociadas, e há perturbações no sétimo chacra que causam distúrbios nervosos, problemas para dormir e insônia, dando abertura a ataques espirituais durante o descanso. Como resultado, você sofre de falta de energia e perda de vitalidade durante o dia. O primeiro e o segundo chakras também são afetados por influências nocivas, e podem se sentir atraídos para a execução de práticas prejudiciais (físicas, morais ou espirituais), como vício em drogas ou alcoolismo.

Este Odu reflete uma pessoa com habilidade de visão e sinais de hipersensibilidade. Recomenda-se que essa abordagem tenha mais de uma arma para se defender em níveis psíquicos e tomar cuidado com uma possível fragilidade na estrutura mental e de caráter.

O significado extremo desse signo se refere à palavra "Odi" e sua representação simbólica na configuração (bastante), que é finalizada ou selada. Ao revelar seu caráter, ele fecha a lacuna de acordo com a metáfora, reforçando por meio de ebós o conselho do Odu e garantindo que os infortúnios descritos não se concretizem.

A palavra *To* em língua Iorubá significa "o fim" ou "o ápice" de algo. Ela representa o limite do Odi como símbolo metafórico, não uma destruição, mas a continuação de algo que se transformou.

Patakkí

Aqui ele se manifesta pela força de Exu, abrindo os canais energéticos para dar à luz o início de todas as coisas através do uso de um número mágico e revelador: sete.

Exu é a representação simbólica da desordem antes do equilíbrio, e em suas ações traz o começo de bons períodos e prosperidade. Da imensidão do subconsciente emerge a figura mítica de Exu, criando grandes profundezas para dar maior capacidade à água que, mais tarde, cobriria a maior parte do planeta.

Outras histórias atribuem essas depressões geográficas a Exu. A missão se configura como a primeira designada pelo Todo-Poderoso, que envia à Terra um sem-número de forças consideradas primárias nas esferas energéticas. Ao que parece, sua função é criar os primeiros sulcos para a vida psíquica que teria de nutrir a base da vida: a água.

Exu, o mensageiro divino, conferiu essa épica à água liberadora e canalizadora da energia fálica, para que ela se espalhasse por todos os cantos e colaborasse com a fertilização e a fartura de minérios. Sua presença mágica era considerada fundamental. Como resultado, cada ser vivo das profundezas terrestres poderia entrar em ação como uma rede neural para promover mudanças futuras. Exu, o detentor das estradas, caminhou na superfície e deixou para trás sinais que só o tempo e a ação de agentes climáticos modificaram.

A água correu e cobriu os sulcos, e seu despertar apaziguou a veemência, a ira repleta de êxtase e a euforia de *Hermes Iorubá* para, em seguida, contemporizar e harmonizar com todas as formas de vida no planeta. O mensageiro abriu as estradas para a mãe dos Orixás, Iemanjá, a fim de que ela pudesse ampliar suas dádivas maternas. De seus seios ou seu ventre (há várias histórias diferentes), surgiu a vida e as águas cobriram tudo. Esse foi o primeiro indício que entabulou a capacidade permanente de fertilização.

Gentil como toda mãe, Iemanjá também é incomparável em suas reprimendas justas ao ensinar a seus filhos lições de humildade, honestidade e benevolência. Dessa maneira, Iemanjá, com sete estradas ou avatares, povoou toda a Terra e a tornou eternamente fértil e próspera, representando o mecanismo complexo e equilibrado da natureza.

8. Eji-Onile / *Oito conchas abertas e oito fechadas*

"A cabeça comanda o corpo, o povo só tem um monarca e o corpo só tem uma cabeça."

Você é uma pessoa com grande capacidade amorosa, elevado sentimento fraternal e dons caridosos. Desde tenra idade, vai se destacar por ter uma personalidade muito concentrada, quase tímida, muitas vezes preferindo atividades intelectuais a físicas. Aconselha-se não ignorá-las porque, colocando-as em prática, você pode ajudar a aliviar o estresse causado pelas coisas, como cargas emocionais que não conhece ou das quais não pode desviar para evitar se ferir.

Com grande capacidade interna e a experiência que lhe ensinou a valorizar, você está preparado para comandar e governar. Você se recusa a ser direcionado, e só aceita quando a direção vem de alguém que considera superior. Sua admiração por essa pessoa lhe permite receber conselhos, orientações e, muitas vezes, indicações ou ordens.

Entretanto, você precisa aprender a ganhar o respeito de outros e não se permitir ser subestimado. Quem conhece sua habilidade altruísta pode tirar vantagem da situação e tentar traí-lo ou feri-lo.

Graças à sua sensibilidade especial, você se sentirá atraído pelo espiritual. Muitas vezes, você é associado ao artístico. Seus dons expressivos são amplos e variados, e você deve incentivá-los tornando-se especialista naqueles que sente mais próximos de sua alma. Você tem a habilidade espiritual que o leva nessa direção. Você deveria ser um santo e parte de uma religião.

Embora você sempre seja alvo de críticas e inveja, esses pensamentos negativos não o afetarão; pelo contrário, eles fortalecerão seu caráter. Sua personalidade será moldada e formatada como a de um grande líder. Você terá a destreza para treinar, preparar e ensinar discípulos, e para criar sua "escola própria" graças a seu estilo. Você despertará em um mundo repleto de sensações psíquicas, uma vez que esse signo representa a luz do conhecimento e da sabedoria.

Você tomará o maravilhoso caminho de ser capaz de se conectar com os planos Astrais superiores. Você será o reflexo místico dos que buscam a verdade como forma de resposta, bem como a motivação que servirá de incentivo em momentos difíceis e que deixará seu espírito sereno.

Você deve ter valores ético-morais bem elevados para conservar o poder que aumentará ao longo dos anos. Se atingir equilíbrio interno, estimulará seu espírito, o que beneficiará sua vida.

Mas, se você agir feito um tolo, o poder parecerá desaparecer, suas mãos ficarão sem serventia e você terá perdido o maior dos tesouros: a humildade dos poderosos.

Patakkí

O rei e sua filha moravam em um grande palácio. Eles passavam muito tempo juntos e cuidavam um do outro. Porém, o rei tinha muito ciúme da princesa, e não deixaria ninguém se aproximar do palácio. Eles viviam longe de sua cidade, e o rei só se importava em coletar impostos.

A ambição e o egoísmo do rei prevaleciam sobre todas as coisas. Apesar dos conselhos recebidos sobre como cuidar da filha, ela começou a passar mal de uma doença sem causa aparente, mas ele ignorava tudo o que não fosse de interesse próprio. Ele não deixava a princesa se expor aos raios saudáveis do sol. A cada dia ela ficava mais pálida, mais fraca e deprimida devido à falta de luz natural.

A pobre filha, já quase prostrada e sem forças, insistia que o rei a deixasse se inclinar em uma janela e respirar ar fresco ao menos por alguns segundos, mas a cegueira do pai não permitia. Um dia, as energias da triste princesa cederam.

Desesperado, o rei foi ter com Orunlá, pedindo-lhe que visitasse sua filha no palácio. Orunlá estava muito ocupado, e respondeu que seria impossível devido a suas atribuições, que coincidentemente também se relacionavam a questões de saúde (entre muitas outras coisas) de muitas pessoas que há muito tempo esperavam por ele para descobrir o que tinham, canalizar curas e cuidar de outras necessidades.

Em vez de ir ao palácio, Orunlá insistiu que o rei e a filha fossem consultá-lo em pessoa, convidando educadamente os dois a visitá-lo. Ele também esclareceu ao rei que o costume de não permitir a ninguém que entrasse na fortaleza não seria interrompido, permanecendo intacto a fim de preservar a tranquilidade do rei.

Ofendido em sua posição de monarca, o rei ficou ofuscado por tal impertinência, porque, na sua cabeça, não havia rei maior que ele e prioridades mais urgentes que as suas. No entanto, por causa da piora da saúde da jovem princesa, o rei aceitou com resignação o convite.

No oitavo dia, o rei e a filha chegaram à casa de Orunlá. Sem perceber que as portas eram mais baixas que ele, o rei bateu a cabeça na estrutura da porta. O golpe fez sua preciosa coroa rolar pelos degraus. O rei ficou desesperado na tentativa de recuperar a coroa e se esqueceu do motivo real da visita. Ele não reparou que sua cabeça sangrava pelo golpe recebido.

Orunlá disse:

— *Você feriu seriamente a cabeça. Seu anjo guardião se sente ofendido e ofuscado por sua vaidade e orgulho, e, como vê, o símbolo de seu poder está no chão.*

O povo, entristecido pela doença da filha do rei, aguardava impaciente por notícias. Ao verem a coroa do rei rolando pelas ruas, as pessoas compreenderam que as causas da doença da princesa também rolavam ladeira abaixo, pois estavam relacionadas à arrogância e ao orgulho excessivo de seu pai. A coroa, símbolo do absolutismo do rei, caiu no meio de uma grande poça de lama. As pessoas correram para apanhar a coroa e limpá-la, mas perceberam que o objeto estava sujo antes de cair na lama, e que era melhor escondê-lo para que o comportamento equivocado do soberano nunca adoecesse sua bela filha.

Orunlá ordenou ao monarca que fizesse um ebó. Ele disse ao rei que, para recuperar a saúde da princesa e limpar a coroa e a cabeça, o soberano deveria pegar um pedaço de todas as coisas brancas, colocá-las dentro de um saquinho de pano e salpicar cascas trituradas de ovo no topo, pedindo paz a Obatalá por seu povo e pelo bem-estar de seu Ori.

— *Se você fizer isso, a saúde de sua filha vai melhorar, ela perderá a palidez e sua brancura excessiva vai desaparecer, e a alma do rei vai ficar pura. É assim que deve ser.*

Orunlá concluiu com extrema firmeza e doçura.

9. Ossá / *Nove conchas abertas e sete fechadas*

"Seu melhor amigo também é seu pior inimigo."

Este signo é um tormento, e revela que o cliente passa por momentos difíceis e decisivos ao mesmo tempo. São pensamentos compulsivos, com desejos irrefreáveis querendo pegar com imediatismo e impulsividade todas as coisas que atravessam o caminho.

Diante de tamanho desespero, seus movimentos são rápidos, mas descuidados e sem reflexão. Seus rompantes podem levá-lo a ter atitudes desastrosas das quais mais tarde você pode se arrepender e que serão bem difíceis de reparar.

Surgem problemas com o parceiro, como brigas e confrontos que, muitas vezes, começam sem se saber as causas que os motivaram.

Agentes externos estão atuando contra você a ponto de não conseguir morar no mesmo lugar que o parceiro ou com seus pais, se você for solteiro e ainda viver com eles. O propósito dessas forças negativas é destruir e aniquilar qualquer relação sentimental ou amorosa.

Acalme-se, relaxe e controlará a situação. Tudo precisa ser feito de forma compreensiva e contemplativa, evitando que os desejos fiquem brigando e disputando. Siga o ebó que marca este Odu e tudo ficará bem.

Faça oferendas para Iansã Egunitá, a detentora dos vinte e um eguns. Ela apreciará suas ações e o protegerá. Da mesma maneira, tente, o máximo possível, não visitar cemitérios ou ir a velórios, e fique ao menos três meses sem visitar pessoas com problemas sérios de saúde.

Invoque Ogum para defendê-lo e Obatalá para trazer paz mental e felicidade a seu espírito. Você deve fazer muitas e muitas preces a Iemanjá para que seu casamento dure. Ela o ouvirá e cuidará de seu parceiro ou matrimônio. O signo alerta para se afastar do inesperado e buscar a calma e a paciência, deixando de lado explosões e o desejo de modificar ou alterar as coisas sem análise prévia.

Este Odu representa a força do furacão dos ventos na configuração de Oyá ou Iansã.

Na antiguidade, quando este Odu saía e indicava o futuro das regiões e cidades, muitas vezes ele se relacionava às forças elementais do ar que, em desequilíbrio com o Karma coletivo, poderia atingir a Terra por ter sido ofendido, transgredindo a ordem natural universal.

Em um nível pessoal e quando não traz Iré, este Odu pode ativar paixões tempestuosas em todos os níveis com sérias consequências, trazendo, em termos sentimentais, solidão, ciúmes, afastamento, separação ou divórcio.

Do ponto de vista físico, ele se relaciona a fadiga, doença, transtornos psicofísicos, apatia, perda de liberdade, prisão etc. Da perspectiva espiritual, ele se refere à ausência de paz e harmonia. E, da econômica, refere-se a danos monetários como perda de trabalho, desemprego, falências, roubos, maus investimentos e excesso de despesas.

Patakkí

A história nos conta que Obatalá (ou Oxalá) deixou suas terras e foi em busca de sua esposa, Nanã. Após uma consulta prévia com Ifá sobre essa viagem, ele foi alertado a não partir, pois poderia ter grandes dificuldades. Não era o momento certo para procurar sua esposa. Decidido a encontrar Nanã e emocionalmente perturbado, Obatalá não deu ouvidos a Ifá e deixou o reino de Oyó.

A única medida estratégica que ele adotou para evitar suspeitas de seu grupo foi deixar suas roupas e emblemas de rei e usar roupas comuns como as do povo. Pouco tempo depois de dar início à caminhada, encontra Exu Eledu (detentor do carvão), que, disfarçado de velho pobre, diz a ele:

— *Que sorte a minha encontrá-lo no caminho, peregrino! Estou muito cansado e exausto, e não consigo mais carregar essa bolsa. Meus ombros e braços não podem carregar mais peso. Será que você poderia me ajudar a carregar um pouco esta bolsa?*

Obatalá aceitou e ergueu a carga pesada, colocando-a nos ombros. De repente, a bolsa se abriu e tudo o que ela continha caiu nas suas roupas. O carvão sujou seus trajes limpos. O Rei dos Igbôs deixou a raiva de lado e, pela primeira vez, lembrou-se das palavras de Ifá. Rapidamente, foi até um córrego próximo para lavar as roupas e continuou a jornada.

Apoiando-se no cajado, Obatalá caminhou devagar e meditativo rumo às terras de seu filho. De repente, apareceu um homem gritando de dor e reclamando do peso excessivo do jarro que carregava. Deixando-se levar por bons sentimentos, Obatalá pegou o recipiente do viajante dolorido e, sem perceber que o objeto não tinha tampa, todo o líquido que ele continha começou a vazar.

O dono do jarro, que não era outro se não Exu Elebó (detentor do vinho de palma), começou a gargalhar e debochar. Mais uma vez ele bancou o gozador, rindo de Obatalá, manchando-o com óleo de dendê ou manteiga de corojo. Quando Obatalá tentou tirar as roupas manchadas, Exu já tinha sumido.

Muito triste e com raiva de si mesmo por não ter dado ouvidos às recomendações de Ifá, Obatalá volta ao rio mais próximo para lavar as roupas novas. Sem descansar um só instante e apesar de todos os inconvenientes, ele continua andando em meio à noite escura com o único objetivo de chegar ao reino de Oyó o mais cedo possível.

Ao amanhecer, e no meio da floresta, Obatalá vê a distância um belo cavalo branco pastando nos prados. Ao observar a brancura do animal, ele percebe se tratar do cavalo que, no passado, dera ao filho como bichinho de estimação.

Nessa parte da história, alguns sacerdotes afirmam que o cavalo fora roubado de Xangô. Desesperado pela perda do animal, o Rei de Oyó ordena sair à caça dos ladrões. Seus guardas encontram um velho de roupas comuns cavalgando o animal de seu Obá. O velho, confuso e atordoado com a irrupção, não pode provar inocência ou explicar que foi tentado por um desconhecido a cavalgar o animal. Incapaz de provar que era inocente, o velho é levado como prisioneiro. (Nesta outra versão, Exu seria o desconhecido que oferece o cavalo a Obatalá.) A partir daí, os filhos de Obatalá ficam proibidos de usar óleo de dendê ou cavalgar, e têm algo a ver com a fuligem.

Continuando a história anterior, Obatalá corre de felicidade ao reconhecer o animal, segura-o pela crina e tenta levá-lo às terras de Xangô. Obatalá se surpreende ao ser acusado de ladrão pelos guardas do rei, quando eles o veem puxando o animal.

Obatalá tenta explicar que não quis roubar o cavalo; pelo contrário, ele tenta é devolver o animal perdido ao verdadeiro dono. A situação é confusa. Os soldados o ameaçam com lanças, como se ele fosse um ladrão. Sem deixá-lo falar, eles o prendem junto com outros salteadores. Na prisão, Obatalá fica em silêncio, por conta de toda as dores e infortúnios que sofreu. Ele fica no chão, prostrado, lembrando-se de todos os alertas e se arrependendo de não ter seguido os conselhos recomendados e esperado mais alguns dias antes de empreender viagem. Olhando para o céu, ele contempla o poder extenso de seu reino, compreendendo as consequências de sua avidez.

Sete anos se passaram (o número mágico da criação), e o país de Xangô foi arrasado pela pobreza e desespero. Seu povo morreu pela seca, e a falta de chuvas transformou o solo em uma terra estéril com pequenas plantações. O gado e a esterilidade fizeram a vida sucumbir pouco a pouco.

Os videntes apareceram diante do Rei, dizendo:

— *Consultamos os Orixás. Eles dizem que um velho muito sábio e poderoso foi preso injustamente e que esse ato de injustiça nos tornou dignos de todos os infortúnios em seu reino.*

Xangô consulta os guardas da prisão e ordena que tragam o velho, preso há exatos sete anos. O velho, tremendo ao andar, curva-se, mas com grande dignidade e paz, e abre caminho entre as pessoas, que, vendo o halo de luz que o cerca, afastam-se com respeito. Suas roupas ainda estão brancas e impecáveis, como se o tempo não tivesse passado. Ao se aproximar de Xangô, Iemanjá o reconhece e exclama:

— *Você é Obatalá!*

Perturbada pela emoção, ela pede sua bênção, enquanto lágrimas de mar lhe escorrem dos olhos. Oxum vivencia o mesmo júbilo, e, ao beijar as mãos de Iemanjá, irrompe em um choro de alegria e suas lágrimas enchem os rios.

Nanã Buruku vai ao seu encontro e se curva diante dele, dizendo:

— *Que a chuva limpe todos os traços de possível mácula, tristeza ou arrependimentos que você, amado Obatalá, tenha sofrido.*

E todas as gotas que caíram no corpo dele se transformaram em botões que começaram a germinar nos campos.

Ao se aproximar do pai, Xangô se prostrou aos seus pés, pedindo perdão por tudo o que ele padecera devido à negligência e ignorância. Xangô sabia que ele era o mundo, que seu poder abarcava tudo, que, se seu pai sofresse ou passasse fome ou sede, outros também sofreriam. E, como demonstração de amor e respeito, todas as pessoas que se ajoelharam diante de Orixalá (o Orixá supremo), devagar e sob ordens de Xangô, começaram a pegar água da chuva e do rio. As águas, coletadas em grandes vasilhas de terracota, foram colocadas ao redor dele como tributo e oferenda.

No Candomblé, isso é conhecido como "as águas de Oxalá", e faz parte dos rituais em comemoração a este Patakkí.

10. Ofun / *Dez conchas abertas e seis fechadas*

"O lugar de onde provém a maldição."

Chegou o momento de concretização e realização. É hora de seus projetos mais aguardados terem bases reais e serem levados a cabo. Não ignore as circunstâncias que possam surgir e interferir em seus planos.

É importante materializar depressa as coisas que você quer obter, para que seu interesse ou a necessidade que o motivou não esmoreçam. A convicção e a força de execução são as ferramentas fundamentais para preparar seus planos futuros ou cumprir as necessidades urgentes relacionadas com o presente.

Tenha em mente que, para atingir seus objetivos, eles precisam estar bem preparados e ter como base a razão e o bom direcionamento.

Não insista no impossível ou em devaneios. A teimosia pode levá-lo a estradas ruins.

Caminhos difíceis o afastarão de seus objetivos. Situações muito incertas, como a idealização fantasiosa com que você abordou circunstâncias semelhantes, o levaram a perder, no passado, um tempo precioso e agora irrecuperável.

Você precisa saber que coisas seguras possuem bases firmes e reais, capazes de materializar. Se você tentar de verdade e colocar em prática suas habilidades, tudo terá um bom fim.

Insistir em inação e teimosia só vai gerar atrasos, e talvez você perca as esperanças.

O esforço deve ser sua ferramenta mais nobre, e você terá de colocá-lo em prática em todas as tarefas.

Se você notar que a adversidade caminha ao seu lado, ou se alguém o fizer se dar conta disso, não hesite em mudar de rota. Uma mudança de atitude ou ação pode salvá-lo.

Se você acredita que foi amaldiçoado ou que fizeram um feitiço para mudar sua sorte, recorra ao poder dos Orixás (ou qualquer outra técnica baseada em Magia Branca Superior) e siga em frente sem olhar para trás ou para os lados. Apenas cuide-se, proteja-se e continue seu trabalho.

Não faça o mesmo que seus algozes. Não erga a mão para apontar ou a voz para amaldiçoar.

Que seus pés e sua mente sejam velozes e eficientes. Caminhe sem parar. Continue e persevere. Se você não conhece o caminho por onde viaja, não se preocupe, porque outra pessoa já percorreu essa estrada e estará à sua espera na chegada, para acompanhá-lo e guiá-lo corretamente.

Se estiver amaldiçoado, você ficará doente e seu campo energético estará bloqueado. Para evitar isso, foque o espiritual.

Mobilize suas energias, coloque-as para funcionar e siga corretamente as indicações de quem conhece esse assunto.

Não negligencie seus Orixás (se eles fizerem parte de sua religião). Se você não faz parte deles mas possui conceitos universais que lhe permitem alcance mental, peça às boas energias superiores que o protejam pelo caminho e peça proteção de seu anjo guardião.

Por fim, invoque a proteção de Deus Todo-Poderoso e ele ouvirá. Não duvide nem por um instante.

Não perca a fé nos seus projetos; conecte o espiritual ao material sem se esquecer de que eles não podem ser separados.

Estabelecendo este devido equilíbrio, você não terá de se preocupar com a origem das "maldições", pois estará protegido contra qualquer ataque e totalmente salvaguardado contra o assédio dos inimigos.

Patakkí

Ofun, um sábio e grande mago que vivia na antiga África, concentrou-se no estudo das artes profundas que o comunicavam com o mundo dos espíritos, o qual lhe conferiu poder e conhecimento.

Conta-se que desde bem pequeno Ofun tinha uma natureza reservada e que, em vez de se divertir com brincadeiras típicas de sua idade, ele gostava de ir até as profundezas da selva densa, longe de todos e das casas, em busca de paz e tranquilidade. Refugiando-se em seu rico mundo interior, ele dava início à sua tarefa diária em busca do espiritual.

Ofun começava a manhã estendendo os braços para o sol e, com todo o respeito, pedia que também fosse merecedor de receber toda a energia e vitalidade do astro. Ele fazia o mesmo com a lua, com quem conversava aos sussurros, quase em segredo.

Apesar de bem jovem, Ofun se tornou um mago poderoso. Ele conseguia falar mentalmente com os animais, pelos quais sentia intensa afeição. Seu mundo eram as artes ocultas, e seu destino, o paranormal. Sua missão de vida eram as "artes secretas".

Como todas as criaturas dotadas, ele ficava extremamente magoado com a incompreensão alheia, o que lhe causava muito sofrimento. Por esse motivo, ele optou por viver sozinho. Apesar de sempre se sentir acompanhado por coisas invisíveis que não podem ser percebidas por pessoas comuns, ao longo dos anos ele começou a sentir necessidade de companhia, pois a solidão já o estava afetando.

Já em idade avançada, considerou que era tarde demais para se casar, e optou por instruir e criar os filhos de famílias menos favorecidas. Crianças de sorte receberam moradia, comida, afeto e uma educação ampla. Ele preparou as que considerava aptas para as funções de médium e para o mundo complexo, mas ao mesmo tempo fascinante, da magia. A todas elas, ele dizia:

— *Tudo o que está coberto é proibido aos olhos dos curiosos.*

Então, ele cobria com cuidado todas as suas ferramentas mágicas com um lençol branco finamente bordado. Entre elas, havia um livro importante de cem páginas sobre poções, encantamentos e outras ferramentas poderosas.

Todo dia, bem cedo, ele ia à selva para falar com os espíritos. As almas dos pássaros o guiavam, e os eguns (as almas dos mortos que habitam certas árvores sagradas) o ajudavam com seus encantamentos. Antes de partir para a selva, ele recomendava a seus pupilos que tomassem conta da casa e não deixassem estranhos entrarem. Ele dizia que cuidado era sinônimo de segurança, e que é sempre prudente não confiar em quem não conhecemos bem. Acima de tudo, ele lhes dizia para não tirar, em hipótese alguma, o pano branco de cima dos objetos.

Nessa época, vivia com ele uma garotinha chamada Annanagu. Seus pais a haviam deixado aos cuidados de Ofun porque não podiam sustentá-la ou lhe dar educação. Ela começara a ganhar o amor de seu protetor, que logo percebeu seus atributos e a escolheu como discípula. Annanagu aprendeu que, acima de tudo, o respeito, a perseverança e a compreensão eram essenciais.

Annanagu incorporou em seu aprendizado o ensinamento básico de que, mais cedo ou mais tarde, tudo chega no momento exato, nem antes nem depois, e na medida certa. Embora possa haver obstáculos, ninguém neste mundo é capaz de impedir o que está carmicamente determinado para uma pessoa.

O amor e o respeito entre professor e aluna atingiram tal ponto que os pais de Annanagu começaram a desconfiar da maldade do "feiticeiro". Eles passaram a suspeitar que, por trás da cortina misteriosa, havia grandes tesouros controlados por forças poderosas, responsáveis pela submissão do arbítrio de sua filha ao grandioso e solitário Ofun.

Certa manhã, bem cedo, os pais de Annanagu esperaram com cautela até o mágico sair de casa e partir rumo às plantas e árvores, garantindo que ele não pudesse mais vê-los. Então, aproveitando-se da ausência de Ofun, entraram sorrateiramente na casa e surpreenderam a menina, que se assustou ao ver os pais na casa daquela maneira inesperada. Sem lhe dirigir a palavra e fazendo gestos e ameaças intimidadores, os pais a pressionaram contra a parede e lhe disseram que, se ela não mostrasse o que o professor escondia atrás da cortina, eles não teriam outra escolha se não raptá-la e afastá-la do mágico e das aulas. Ela nunca mais voltaria a vê-lo.

A garota começou a chorar de desespero e, soluçando, tentou fazer os pais reconsiderarem. Lembrando-se das palavras do feiticeiro, ela disse a eles, com certo tom de segurança:

— *Tudo o que está coberto é proibido aos olhos dos curiosos.*

Seus pais riram e zombaram dela, e, com um gesto rápido e abrupto, abriram a cortina que dividia a sala de estar da sala em que Ofun fazia suas magias.

Os espíritos mágicos o alertaram de que alguma coisa perturbava a tranquilidade da casa, e ele se pôs a voltar depressa. Chegando perto, ouviu os gritos e o choro da menina. Preocupado, ele entrou na casa e viu os pais dela tentando remover o tecido. Imediatamente, afastou Annanagu, consolando-a e lhe dizendo que não era sua culpa.

Os pais da menina fugiram de vergonha e pavor ao verem a estranha luz, tão brilhante e potente quanto o próprio sol. Ao correrem, foram tomados de terror, e por conta da luz forte eles perderam a visão por um tempo. Sua ignorância espiritual os fez acreditar que a cegueira momentânea tinha sido causada pelas maldições de Ofun, sobre as quais Annanagu contara a eles.

Sua ignorância e o ultraje cometido, além dos maus sentimentos e ganância, foram responsáveis pelas más ações. Nada além disso os prejudicara. E os olhos dos curiosos não conseguiram ver.

11. Owonrin / *Onze conchas abertas e cinco fechadas*

"Transportar água em um cesto de palha não é muito lucrativo."

A pouca praticidade e a repetição de erros já conhecidos e comprovados levam ao desastre. É como virar o rosto para não encarar a realidade.

Há dois atalhos, um colina acima, com pedras no caminho, e outro, às bordas da colina e livre de destroços. Você já percorreu o primeiro e já o conhece. Você andou descalço e atingiu seu destino com sangue nos pés, e levou muito tempo para chegar lá. O outro atalho você não conhece, mas sabe que é suave, plano e o levará aonde deseja ir.

Estados confusos de consciência podem fazê-lo escolher o caminho errado, e essa decisão só lhe trará dor e insegurança.

Insistir em repetir velhos erros sem aceitar alterações necessárias e sem mudar de comportamento seria uma atitude impensável e hostil contra si mesmo.

Se existem sombras escuras que ofuscam seu senso de discernimento e você não faz nada para removê-las, acabará se tornando uma sombra também. Você será parte delas e, então, pode ser tarde demais para escapar e encontrar a luz.

Peça a Eleguá que lhe permita limpar seu caminho e remover essas sombras, que não são nada além de espíritos dos mortos compulsivos (*Kiumbas*). Peça a Oyá que os afaste.

Para curar as feridas que sangram, invoque Babaluaiê, fazendo pedidos com força e paixão e com resignação durante o período de convalescença. Não seja violento nem discuta com raiva, pois pode incorrer em brigas lastimáveis; do contrário, pode acabar fazendo o que seus inimigos querem que você faça.

Não pense nos inimigos; esqueça-os completamente. Peça luz para a alma e mente deles. Isso os ajudará a esquecer de você, e, aos poucos, eles abandonarão a atitude hostil.

Se você não conseguiu bombear a água, aceite e verá como a água que caiu sobre a terra fez a terra árida desaparecer.

Quando se admitem falhas, derrotas e erros, damos o primeiro passo para começar de maneira consciente tudo o que desejamos empreender.

Mude suas atitudes e tenha esperança, porque é essencial ter fé no que se executa.

Confie em si mesmo e em outras pessoas que querem colaborar demonstrando boa vontade e bons sentimentos.

Dê a si mesmo uma oportunidade, acreditando em suas habilidades e confiando na força de Deus, em sua Justiça Suprema, leis e planos reparadores. Por meio deles e de esforços próprios, você pode mudar o que parece imutável.

Esse signo se refere à repetição e/ou modificação de fatos ou coisas, ou à capacidade de transformá-los em outros totalmente diferentes.

É por esse motivo que o Axé de Oxumaré aparece emoldurando o céu com suas cores brilhantes e usa seu arco-íris como uma ponte entre a terra e o céu para pessoas capazes de modificar comportamentos errôneos com força de vontade, prevendo a ascensão espiritual e a habilidade de transmutar o próprio karma.

Nesse caso, o conteúdo e significado deste Odu confere sagacidade, astúcia e conhecimento, bem como sedução suficiente para mudar com plenitude e conforto.

Patakkí

Uma vez por ano, todos os santos se reuniam no palácio de Orumilá para ouvir suas histórias repletas de imenso poder e misticismo.

Quando os santos eram recebidos no palácio, apenas com a primeira troca de palavras e precisão impressionante, Orumilá lhes contava tudo o que acontecera com eles durante o ano. Mesmo querendo confundi-lo, Orumilá sempre se saía bem e transmitia os detalhes mais exatos.

Todos se perguntavam como era possível Orumilá, sem sair de casa, saber absolutamente tudo o que acontecia com eles, inclusive as coisas que ocorriam em seus reinos ou de foro íntimo.

Todos se reuniram, decididos a trazer à tona um segredo tão importante, e chegaram à conclusão de que todo mundo estava passando exatamente pela mesma coisa. Embora sempre tentassem o cuidado e a reserva máxima em garantir que nada chegasse aos ouvidos de Orumilá, coisa alguma lhe escapava. Intrigados, os Orixás falavam com enorme ansiedade, tentando planejar como desvendar o mistério que cercava o vidente.

Exu, sentado atrás da porta, ouvia atentamente, sem perder nenhum detalhe e sem dar opinião. Olhando para Exu, Oxum perguntou:

— *Qual é sua opinião, detentor das estradas e encruzilhadas? O que você sabe ou pensa a respeito?*

Alguém pediu:

— Talvez você possa nos ajudar e nos dizer qual caminho tomar, ou o que fazer para descobrir os segredos de Orumilá.

Exu respondeu:

— Talvez eu possa ajudá-los, mas lembrem-se de que agora, neste exato instante, Orumilá já sabe o que vocês estão planejando e conhece todos os detalhes com exatidão. Acredito que o mais correto a fazer seria perguntar e aceitar a resposta dele como a verdade. Todos sabemos que há muitos segredos que não podem ser revelados.

Eles concordaram e decidiram consultar Orumilá, para lhe perguntar qual a técnica utilizada e como era possível ele sempre saber tudo.

Mais tarde, eles foram vê-lo. Ao se aproximarem dele e o rodearem, um a um lhe perguntou, com grande respeito, sobre suas habilidades.

Orumilá os escutou com cuidado e, em seguida, disse:

— Tudo o que sou e o que tenho, tudo que represento, devo ao meu tabuleiro. Ao usá-lo, consigo as coisas.

Ele terminou de responder e não disse mais nada. Então, esperou a reação dos outros. Xangô falou:

— Mas sua resposta é vaga, e não tem a precisão de seus vereditos. Na verdade, não era o que esperávamos.

— Esta é minha resposta, real e verdadeira.

E, com gestos dignos, esperou o consentimento de todos os Orixás.

No fim da reunião, Exu contou tudo ao vidente, deixando-o surpreso e preocupado ao mesmo tempo.

Ainda insatisfeitos com a resposta, os Orixás voltaram a se reunir para analisar o que Orumilá dissera. Eles chegaram à conclusão de que ele, evidentemente, sabia de tudo, mas sem dúvida isso o mantinha muito atribulado. Como ele conseguia manter tão organizadas as outras coisas, como seu palácio e pertences? Como ele conseguia comida? Como curava suas dores?

Após todas essas reflexões, eles decidiram testá-lo. Ele teria de curar um mortal que sofresse de uma estranha doença por muito tempo. Sem dúvida ele poderia fazê-lo graças a seu imenso conhecimento, já que aparentemente era capaz de tudo.

Exu contou a Orumilá tudo o que foi discutido e planejado após a reunião. Orumilá respondeu:

— *Respondi a verdade, Exu! Você sabe muito bem que tenho o dom da profecia, e não da cura. No entanto, e apesar de tudo, venceremos a aposta!*

Você e eu seremos inseparáveis, e, sem que ele peça, o homem será totalmente curado de sua doença. Assim, eles terão de aceitar que nem tudo pode ser dito e que seu plano não logrou êxito. É tão inútil quanto querer armazenar água em um recipiente sem fundo.

Sei qual doença aflige o tal homem, e você me ajudará a acabar com ela. Nossa aliança será invencível. Seremos aliados incondicionais, a tal ponto que seu espírito viverá no meu tabuleiro e ocuparemos um lugar de destaque.

Terras de várias estradas foram coletadas e, uma vez amaldiçoadas, o enfeitiçaram com o barro e outras coisas. Sim, tal é o sofrimento real desse mortal. Quem melhor que você, o detentor das encruzilhadas, para recalcular o caminho dos que quiseram deixá-lo doente e desfazer o feitiço? Caminhe, uma a uma, por todas as estradas pelas quais andaram todos os que fizeram tamanho mal a essa pobre e inocente criatura e a fizeram adoecer totalmente. E quem melhor que eu, o detentor de todos os Oráculos, para decidir o tipo de ebó a ser feito?

Logo, logo, o homem estava completamente curado, e o anunciou aos quatro ventos.

As notícias chegaram em todos os reinos, o que deixou os Orixás totalmente embasbacados. Não somente Orumilá ficara sabendo de seus planos como, também, não havia dúvidas de que fora ele quem curara o homem. Nenhum dos Orixás conseguira curar o homem antes, porque não conseguiram adivinhar onde estava a doença. Então, eles decidiram fazer uma grande festa para compensar e, para comemorar, foram procurar Orumilá e levaram todos os tipos de comidas e bebidas para a diversão.

Orumilá disse a eles:

— *Vejam como vocês me concedem grandes banquetes sem sair do meu palácio. E devo tudo isso exclusivamente a meu tabuleiro divinatório.*

E, dirigindo-se a Exu, ele disse:

— *E, já que esta é minha casa e quero que você cuide dos meus caminhos, eu o convido, Exu, a dar início a esta noite provando seus pratos favoritos.*

E foi assim que aconteceu e continuará acontecendo. Exu recebeu e sempre receberá primeiro suas refeições como recompensa por seu trabalho.

12. Ejilaxebará / Doze conchas abertas e quatro fechadas

"Acorde, senão perderá a guerra. A coragem será sua aliada!"

"Seja organizado, e não incansável ou desregrado, senão, apesar de tudo, eles conseguirão derrotá-lo."

Se o consulente é homem, há grandes possibilidades de ele "ter cabeça" de Xangô. Ou seja, esse Orixá pode ser seu Anjo Guardião. Se a consulente é mulher, é mais provável que seu Orixá seja Oxum ou Oyá.

Nos dois casos, o consulente encontrará como parceiro(a) alguém que tenha cabeça em um dos referidos santos.

Por exemplo, se seu parceiro é homem, ele teria que ter "cabeça de Xangô".

Você tem um senso de justiça muito forte, e por isso há quem se declare abertamente seu inimigo sem que você sequer o conheça ou saiba de sua existência.

O respeito que você granjeia, por ser corajoso e audacioso, não precisa levá-lo à guerra. Você terá outras armas, não necessariamente de guerra, com que defender o justo. Esteja sempre alerta em qualquer ação. Não negligencie seus lados fracos; seja prudente e organizado, e vencerá com facilidade.

Você deve rejeitar agressões, sejam verbais, sejam físicas ou de qualquer tipo. Seu combate deve focar outros valores. Você será plenamente treinado para isso.

Ao controlar seu caráter, que muitas vezes pode se revelar irracional ou explosivo, você contribui com a paz e o equilíbrio permanente.

Você é do tipo de pessoa identificada por frases como "Ele(a) tem um coração de ouro" ou "As pessoas podem lhe pedir para fazer qualquer coisa no bom sentido".

Isso é verdade se as pessoas tentam abordar você com bons modos, boas intenções e de forma amigável. Em geral, você tem boa vontade para ajudar os outros, o que reflete seu espírito fraterno e comunitário.

Se as pessoas o abordam com mentiras, depreciação, altivez, arrogância ou na tentativa de tolher a liberdade alheia, sua reação pode ser bastante irritadiça e, às vezes, violenta.

Lembre-se: mesmo que a causa seja justificada, você deve pesar seu senso de equilíbrio, evitando gritarias ou discussões que podem trazer consequências sérias nesses momentos. Seguindo o conselho do signo, não haverá tempestade no céu capaz de intimidá-lo.

Não tenha medo, a mensagem do trovão de Xangô só atordoa quem não é nobre de coração, e amortece os traiçoeiros e desleais reprimindo a ação da injustiça.

Avance e não se permita recuar. Mesmo avançando duas vezes mais do que retrocede, sempre haverá um equilíbrio não positivo (alguma demora), embora a sensação pareça outra. Aceite o conselho dos mais velhos que já percorreram essa trajetória no passado. Lembre-se de que talvez eles sejam as únicas pessoas em quem você pode confiar.

Haverá muitas pessoas que abordarão você para confundi-lo com bajulação e gestos cordiais por trás de um escudo de movimentos calculados que escondem interesses velados bem distantes de sentimentos verdadeiros.

Mesmo reconhecendo esse teatrinho falso, e apesar de ajudá-los no que precisam, você sempre será criticado. Você representa o que essas pessoas, inflamadas pelo ciúme e inveja, nunca podem alcançar, devido à estreiteza mental e espiritual que possuem.

Seria aconselhável você se cercar somente de pessoas que o apreciam pelo que é como ser humano e por seus valores, e não de gente que, com o tempo, se mostra fútil e interessada apenas no que hoje você tem, abrange ou representa.

O ambiente de um ser humano é muito importante. São os pulmões que permitem a respiração, tornando viável a vida. Estar cercado de coisas positivas, de pessoas que o amam, se importam com você e querem o seu melhor mesmo à custa dos próprios interesses é como ter metade do caminho a seu favor. O restante do trajeto será mais fácil de fazer.

Patakkí

Em um reino antigo, todos os adivinhos haviam se reunido. Estavam preocupados com a escassez de marfim de elefantes, muito necessário em vários implementos divinatórios.

Eles consultaram os oráculos e decidiram que a tarefa só poderia ser empreendida por homens corajosos de coração saudável e caráter nobre. Só se poderia obter os marfins sem maus-tratos aos animais. O homem capaz de fazer isso dessa forma seria o sucessor legítimo e digno do trono.

O rei, que já era muito velho, confiou a tarefa a seu filho, Moderiko, que não era lá muito amado ou respeitado pelo povo por ter um caráter inescrupuloso, violento e irracional.

Dirigindo-se a Moderiko, o rei disse:

— *Filho, você seria meu herdeiro no trono, e tal seria meu desejo e seu direito por linhagem. Mas os videntes do reino dizem que apenas quem pegar um elefante sem fazê-lo sofrer será meu sucessor.*

Sei que você é violento e deseja a guerra, portanto, acho impossível caçar o animal dessa forma. No entanto, estou lhe pedindo como soberano e como pai. Não quero morrer sem ver que você realmente merece usar minha coroa.

Mas lembre-se, como rei, sempre governei com paz e sem violência, tentando ser o mais justo possível e dando a meu povo o melhor de mim em plena harmonia. Peço a você que assuma esta missão como um teste dos céus, como de fato acredito que ela é. Talvez não seja um teste só para você, mas também para mim, a fim de não ser rigoroso com você e não tentar restringir ou controlar seu caráter.

O rei demonstrou que estava verdadeiramente preocupado e triste. Anos de trabalho e dedicação a seu povo estavam à deriva e sem futuro certo. Ele não confiava nas habilidades do filho, mas também se incomodava com a ideia de um estranho ocupar seu lugar. A única coisa que o tranquilizava era pensar que, independentemente de quem fosse o próximo rei, ele teria um coração nobre e justo.

A primeira reação de Moderiko foi disparar rumo à selva com todo o seu equipamento de caça, à procura de sua presa. Ele passou vários dias na selva, lembrando-se das palavras do pai a cada segundo. Em sua opinião, elas eram torturantes, exigentes, restritas demais e severas, contrárias a sua natureza e seu temperamento. Ele estava tão preocupado e absorvido em pensamentos que não percebeu que há vários dias vinha sendo seguido por um grupo de criminosos tentando estorvar seus planos.

Por fim, exausto e muito preocupado por não saber o que fazer para evitar decepcionar o rei, Moderiko se deitou na grama para descansar. No dia seguinte, ao acordar, percebeu espantado que seu arco sumira e que as flechas estavam quebradas ao seu lado. No início, pensou se tratar do artifício de algum ladrão, mas em seguida percebeu que tudo aquilo tinha a ver com algo mais importante, e que provavelmente estaria relacionado à sucessão do trono. Às pressas, ele voltou para o palácio e contou publicamente o que acontecera.

Ao terminar de contar o ocorrido, todos os assistentes afirmaram que, alguns dias antes de ele chegar, um homem do vilarejo reivindicara a vitória após caçar uma enorme presa, mas que ainda não fora dita a palavra final sobre como ele a conseguira, havendo certas lacunas e dúvidas. Os videntes ainda não haviam se reunido para transmitir os detalhes ao rei sobre a façanha realizada pelo tal homem.

No dia seguinte o palácio estava um alarido só. Todos corriam de um lado para o outro porque, em poucos minutos, saberiam se o herdeiro já tinha sido escolhido ou não. Entre os videntes estava o mais velho de todos, que chegara ao reino alguns dias antes. Ele ficou em pé e, dirigindo-se respeitosamente ao rei, disse:

— *O engano, e não a nobreza da alma, é aquele que queria se apoderar da coroa.*

Desafio o impostor que, tirando vantagem do fato de seu filho estar dormindo, apanhou as coisas dele e depois matou o elefante, mas cometeu um erro no afã pelo poder.

Eu o convido, e não há dúvida alguma de que você matou o animal, a demonstrar de forma convincente que não foi o único, com todos esses truques, a tentar obter o que seu coração não consegue.

Mostre-nos outra flecha que você afirma ser sua, pois sabe-se muito bem que cada caçador tem várias flechas com sua marca pessoal e outros segredos que apenas o dono reconhece.

O impostor foi incapaz de responder ou mostrar alguma coisa. O velho sábio continuou:

— *Moderiko, dê um passo à frente, por favor. Você poderia nos mostrar outra flecha como a que feriu e acabou matando o animal? Mas, antes disso, por gentileza, poderia descrevê-la para nós?*

O filho do rei descreveu passo a passo cada detalhe de suas flechas, o tamanho, o tipo de madeira, o formato da ponta e as inscrições simbólicas que pertenciam a ele. A descrição era exatamente a mesma da flecha em poder do cônsul do vidente. Então, abrindo uma das bolsas do caçador, o sábio tirou o que sobrara de uma das flechas e juntou os pedaços até finalmente montá-la.

Dirigindo-se ao rei, o velho vidente disse:

— *Meu senhor, seu filho demonstrou dignidade, respeito por sua pessoa, honestidade e boa vontade para cumprir os desígnios indicados pelo oráculo. Sua demora na selva se deveu ao tempo que ele levou para decidir como caçar um animal desses sem feri-lo com gravidade e sem fazê-lo sofrer com suas mãos.*

Ele aguardou, controlou seus instintos, sacrificou seus impulsos e moderou seu espírito, sabendo que isso poderia lhe custar o reino. Com profundo respeito, esperou pela inspiração Divina, confiando que ela viria de uma forma ou de outra se ele fosse digno de tão nobre hierarquia.

Sem saber, mas com intuição, ele aguardou pacientemente a morte natural de um desses animais para poder pegar o precioso material, a condição indispensável do teste.

E, dirigindo-se a Moderiko, o velho continuou:

— Graças à sua piedade, à paciência, ao respeito pelos mais velhos e pelo reino, seu povo e as Deidades, seu coração enobreceu e, pela primeira vez, você provou ter as qualidades necessárias para ser um rei.

Na verdade, foi uma de suas flechas que acabou matando o elefante, mas não por suas mãos. O animal não sofreu por sua vontade ou escolha. Sua honestidade foi recompensada porque tudo o que sabemos e divulgamos é verificado pelos oráculos.

Por fim, olhando para o rei, o ancião anunciou:

— Majestade, sua coroa estará a salvo!

13. Ejiologbon / Treze conchas abertas e três fechadas

"A debilidade provém da doença do sangue."

Um homem frívolo e desrespeitoso não entende que o dia precisa da noite; ele se esquece das estrelas e não ousa olhar para o céu.

Rejeitar o equilíbrio dos opostos é negar as próprias faculdades e natureza.

Em um mundo constituído de coisas diferentes, algo que pareça diferente pode ser mais semelhante que seu próprio reflexo na água.

O desigual é necessário para nos fazer lembrar que, às vezes, a realidade pode ser o reflexo de várias coisas.

O sol e o fogo podem refletir sombras idênticas ou similares, entretanto, ambas as energias são distintas; porém, como um exemplo, aparentemente têm os mesmos propósitos: proporcionar calor, dinamismo e vitalidade.

O que quer que esteja bem longe de você também está muito perto de seu eu interior. Não olhe longe demais, porque às vezes as respostas que não conseguimos encontrar estão mais próximas do que pensamos. Só temos de aprender a reconhecê-las e aceitá-las.

Esquecer esses princípios e não respeitar o que dá apoio à vida é o momento em que uma pessoa de caráter fraco, compulsivo e discriminatório atrai doença e vazio, escassez e pobreza, infertilidade e morte.

Respeitar a própria vida não quer dizer submeter seu corpo a excessos destrutivos, e sim cuidar da matéria que abriga seu espírito, sua preservação, apoio, manutenção e limpeza.

Não se deve esquecer a mente. Como intermediária entre seu corpo e espírito, ela merece o mesmo cuidado.

E, por fim, sua alma, o motor inequívoco que permite todas as coisas, deve ser uma rampa para o desenvolvimento espiritual.

Abusos cometidos contra outra pessoa trazem tristeza, dor e lamentos.

Aquilo a que se chama de morte beija e abraça calorosamente em um instante aquilo que se considera vida. Elas parecem opostas, mas, pelo contrário, são apenas lapsos momentâneos em diferentes planos de existência. Ambas precisam uma da outra para continuar a existir e cumprir ciclos diferentes.

Sua obrigação é cumprir o que se comprometeu a fazer em outros planos, ainda que você não se lembre disso.

Essa promessa se relaciona ao autorrespeito e ao respeito por sua vida na terra. Somente quando cuida da integridade e do funcionamento adequado da saúde você garantirá sua permanência neste planeta, permitindo que seu espírito evolua e repare as próprias falhas por meio da reencarnação.

A mesma falha, ou talvez um erro ainda mais grave, é forçar outras pessoas a seguir caminhos destrutivos. Nesse caso, você estaria assumindo uma responsabilidade maior ao restringir a liberdade alheia. A mensagem envolve o respeito por todos e por tudo o que Deus colocou na terra. Não devemos fazer distinção entre seres humanos, discriminar ou rejeitar com antecipação o que não compreendemos ou é diferente sem um motivo válido e justo.

Peça para ver as coisas de forma plena, por uma mente aberta e harmônica, um panorama espiritual que inclua amor e fraternidade como propósito principal. Peça também por uma reavaliação do corpo, da mente e do espírito.

Este é o Odu usado por Omulu, Babaluaiê (também conhecido como Xapaná, Chapaná, Shapaná ou Obaluaiê), detentor do adjá,[7] e ele o agita e o bate no ar para rejeitar impurezas e doenças.

Tal como o número que rege este Odu (relacionado ao karma), muitas vezes ele é temido e rejeitado, e tem sido responsável por todo o medo representado pelo número treze. Não é considerado uma possibilidade de reparação, pois é esclarecedor e contém a oportunidade de ensinar.

A dualidade que cerca o número treze (conceitos baseados mais em superstições que na realidade) traz uma mensagem

---

[7]. Sinos de metal em forma de cone alongado que terminam juntos num único cabo. (N. da P.)

dupla: a confusão e a imagem desse adorado Orixá. Para muitos que interpretaram erroneamente a mensagem, ele representa a causa de doenças e é praticamente o causador desses males. Na verdade, esses conceitos são equivocados e distantes da realidade.

Não acho que esses equívocos sejam intencionais, e sim o resultado de falta de informações e do medo que os seres humanos têm de doenças. Também é a rejeição das coisas negativas e positivas que os rodeiam. É como negar (sem disposição para enxergar, ouvir ou saber alguma coisa) o que é preciso para se recuperar ou como alguém ficou doente.

Babaluaiê cura as enfermidades, protege o doente, alivia o sofrimento, erradica a doença, combate vírus e, como se não bastasse, encontra soluções através da inspiração de médiuns para curas, descobertas e muitas outras maneiras de combater doenças. Essa é uma atitude nobre que influencia a mente de cientistas, médicos e todos os que têm como missão sagrada curar os doentes.

Ele é conhecido como o "médico dos pobres", e seu papel é o de um benfeitor superior. As pessoas lhe suplicam pela cura e recuperação de todas as enfermidades, sejam físicas, espirituais sejam corpóreas.

Patakkí

Babaluaiê, voltando da terra Iorubá, finalmente é coroado alto sacerdote e governador no país de Daomé. Com a mãe, Nanã Buruku, eles se tornam duas das deidades mais adoradas e respeitadas de sua cultura.

Dizem as lendas que, no início da vida no planeta, Babaluaiê foi um dos primeiros Orixás que passou a viver e se aproximar dos seres humanos, e, aos poucos, passou a se esquecer de sua origem divina. Ele levava uma vida caótica, talvez de decadência, e tinha muitas mulheres como amantes ao mesmo tempo. Ignorando o conselho de outros Orixás para abandonar essa vida desordeira, o próprio Olofi (Deus Todo-Poderoso), ciente do que estava acontecendo, impôs um teste crucial:

— *Você não deve ter relações sexuais na Quinta-Feira Santa.*

A ordem veio do espaço infinito.

Mesmo com a aproximação desse dia, ele se esquece das ordens de Olofi e, mais uma vez, cai em tentação. Ao sentir o descaso alheio por conta do ocorrido, ele vai de cidade em cidade, de vilarejo em vilarejo, sem a mesma atitude de comemoração e festividade a que estava habituado, e sim com solidão e falta de apreço, e vivencia o mesmo tipo de doença que afeta os humanos.

Seu caráter muda, e aos poucos ele se torna introspectivo, reservado e tímido, e sua personalidade se modifica. Ele fica mais sensível, e, sem saber se é consequência de autopunição por suas falhas ou porque a dor que sente se deve à doença humana, começa a ter erupções cutâneas epidêmicas. Feridas e escaras, marcas vermelhas, manchas e feridas deixam vestígios de cicatrizes em sua pele. Todos o ignoram e ninguém conversa com ele. Triste e envergonhado, ele cobre o corpo todo, para que ninguém veja sua enfermidade.

Doente e sozinho, Babaluaiê continua seu caminho, até Exu aparecer (como mensageiro de Ifá) e o aconselhar a se esconder em outras terras. Babaluaiê concorda, e dali em diante ele se tornaria soberano de outro vilarejo. Exu diz a ele:

— *Por ordem de Olofi, você vai curar as pessoas.*

Babaluaiê aceita e caminha próximo a seu cão (um presente de Ogum). No catolicismo, ele é conhecido como São Roque. Ao chegar ao novo reino, sua mãe, Nanã Buruku, reconhece que o filho cumpriu sua missão, curando muitas pessoas e reduzindo a dor dos indefesos sem se preocupar se tinha de sofrer pelas enfermidades deles. Ela intercede junto a Deus e lhe pergunta se a água poderia curar seu filho.

Quando Nanã chega às terras de Daomé, ela faz gotas de chuva caírem sobre o filho. O primeiro pingo que o toca esteriliza as feridas e o último o cura completamente. Quando as pessoas presenciam o milagre, ele é coroado rei. Mais uma vez, a voz do oráculo se pronuncia.

14. Merinlá / Catorze conchas abertas e duas fechadas

"Seja justo e comedido, sem fazer nem mais nem menos, mas seja equitativo e imparcial."

Um ser humano justo reconhece as mudanças na natureza porque vive em harmonia com ela e cria laços duradouros. Está mais sintonizado com equilíbrios e compensações energéticas. Ele sabe que, quando não há sol e chove, um arco-íris vai brilhar no céu. Ele sabe esperar e conhece o próprio tempo.

Ele acolhe o nascer do sol porque acredita na sincronia perfeita e volta a aguardar com esperanças renovadas quando as condições permitem.

O sábio reconhece que tudo é uma forma de compensação e, no equilíbrio das coisas, elas se manifestam justas e precisas. Não vale a pena elas chegarem mais cedo. Ficar correndo atrás traz prejuízo.

O momento exato é o correto porque traz a atitude certa nos movimentos expansivos do signo. Não antes nem depois, apenas em si e ao mesmo tempo. Essa é a maneira correta de executar uma ação. Para reconhecer as mudanças, mesmo as fugazes, identifique os homens justos e sábios.

Os homens sábios se ajustam aos tempos e se preparam para o porvir; distribuindo seus valores corretamente e fortificando seus lares, eles fortalecem os próprios valores morais. E, o mais importante, respeitando as almas de todos.

Preparar-se para o futuro subjugará tempos difíceis. Acreditar na vida no que está por vir ratificará suas crenças na evolução e na regeneração das coisas.

Aja com justiça e com equilíbrio certo – nem mais, nem menos.

Não se pedirá que você dê mais do que pode, e você não pedirá menos do que realmente precisa. Dessa forma, você obterá as coisas na quantidade certa, ajudando-o a fazer planos para hoje e amanhã.

Valorizar o presente deveria ser uma ordem proveniente de seu eu interior, a fim de ser capaz de estruturar as bases necessárias para planejar o futuro e prever mudanças que poderiam causar desassossego. Essa poderia ser sua melhor e mais bem-sucedida abordagem para diferentes aspectos da vida.

Patakkí

Olodumaré decretou a criação do mundo com a intenção de que, no futuro, a Terra fosse capaz de encarnar milhões e milhões de almas, as quais, depois de adquirirem corpos físicos através da Lei da Reencarnação, pudessem evoluir espiritualmente com o tempo.

De acordo com algumas histórias, foi Obatalá (ou Oxalá) quem se encarregou de levar a cabo essa missão sob as ordens do Supremo Criador, que lhe deu um saco. Esse saco divino continha energias poderosas e mágicas capazes de interagir entre si, formando uma espiral de forças. Quando as energias se misturavam, sempre girando no mesmo eixo, elas emitiam raios de luz que criavam partículas densas de energia constituindo a matéria básica.

Cansado e sedento, Obatalá bebeu até matar a sede. Exu não tinha boas intenções, e colocou na estrada várias garrafas de vinho de palma para tentar Obatalá, consequência de brigas anteriores entre ambos. Obatalá sentiu muito sono e, ao acordar, descobriu que o saco da criação desaparecera. Seu irmão, Oduduá, o roubara. (Em outras versões, a história é representada pela variante feminina de Obatalá.)

É assim que o povo Iorubá explica a rivalidade mitológica que existe entre irmãos em muitas culturas, como o conceito bíblico de Caim e Abel. Ou ela poderia explicar com mais precisão o fato histórico de que o Reino Igbó (mais tarde transformado na cidade de Ifé) foi perdido após uma batalha militar comandada por Oduduá, que tomou o reino de Obatalá (também conhecido como Orixá Igbó) por ele ser o Rei dos Igbós.

Desse momento em diante, Olodumaré proíbe Obatalá de beber vinho de palma (como acabamos de contar em outra história), e, em vez do solo que havia dentro do saco mágico roubado por Oduduá, deu-lhe um tipo de argila para moldar a humanidade.

Em outra versão relacionada à proibição da bebida, Obatalá começa a moldar os seres humanos com displicência, sem dar importância à restrição imposta por seu pai. Como consequência dessa atitude, vemos má-formações e defeitos, além de tons de pele diferentes porque os moldes foram retirados do forno antes do tempo.

Foi assim que os albinos foram criados, e eles pertencem ao Orixá regente. Não há necessidade de "marcá-los com um

Santo" (uma marca por meio da leitura sagrada das conchas, ou o Orixá que rege essa pessoa), pois todos eles são filhos diretos de Obatalá.

A partir dessas histórias, Obatalá é conhecido como detentor de todas as cabeças porque está encarregado de pregá-las ao restante do corpo humano.

15. Ogbè-Ògúndá / Quinze conchas abertas e uma fechada

"Você pode usar o caminho para prosseguir ou parar. No caminho, pode seguir ou ser seguido. Pode andar ou parar, no entanto, ele sempre será um caminho."

A irritabilidade gera destruição e guerras sem sentido.

Irmãos nunca deveriam brigar, e crianças nunca deveriam sofrer o maior dos abusos da parte dos pais: a negligência.

Quem se esquece dos próprios pais não só não se lembra deles como também não os ama.

A imagem deles sempre deve estar presente em nosso coração e nossos sentimentos.

Abandonar esses valores traz falta de afeição, sofrimento e deixa a alma nas trevas.

Uma atitude tão errônea traz um redemoinho de negatividades e queda espiritual.

Esquecer quem nos deu a vida e nos trouxe a este mundo é como não estar ciente do que nos tira dele.

Todos os que foram abençoados com o papel sagrado da parentalidade devem seguir bem de perto esses conceitos.

O mero ato sexual da procriação não determina, em si, a hierarquia desses valores conceituais.

É necessário muito mais, que poderia ser resumido em uma única palavra: amor.

O amor é um sentimento tão grandioso para os pais que mesmo os desafios mais difíceis e reações intempestivas transformam tudo em exemplos e lições para formar, corrigir e canalizar a vida.

O homem apaziguará a mulher, e vice-versa, quando algum deles ofender os pais. Essa pessoa será um bom marido ou uma boa esposa e, por fim, um bom pai ou mãe.

A missão do parceiro ou parceira será incentivar o outro a continuar e corrigir os erros, superando as dificuldades tendo em vista a união.

A mensagem profunda do signo é enfatizar a união familiar sem alterar a ordem natural dos ciclos, buscando tudo para a harmonia e a tranquilidade se desenvolverem.

O amor sempre nos unirá, e nada que foi criado pelo amor pode ser destruído.

Apaziguar as emoções violentas, acabar com a violência, descartar ressentimentos e livrar nosso coração da raiva que só traz obscurecimento e desgraça são as mensagens desse signo (e nenhuma outra mais). O signo também alerta sobre a força da união em qualquer instante.

Após obter a unificação que confere a solidez da união, suplantaremos a calma, as tensões diminuirão e a paz reinará.

É difícil encontrar solução para tudo isso por causa das circunstâncias da vida que escapam ao controle. Tenha bons pensamentos, não guarde rancores, lembre-se do positivo e, acima de tudo, saiba perdoar. Eleve o pensamento para Deus, peça luz e proteção para todos e terá paz de espírito. Você terá feito todo o possível para estabelecer harmonia em sua vida e na dos outros.

Patakkí

No início dos tempos, quando os homens faziam grandes festas dedicadas aos Orixás, em meio aos preparativos e projetos das festividades, um grande horror invadiu o coração dos organizadores.

Quando quase tudo estava em andamento e prestes a começar com cada um dos homenageados, ondas imensas emergiram do mar. Alaridos ensurdecedores pareciam sair do oceano enquanto as águas inundavam tudo ao redor, arrastando para sua imensidão todas as coisas que apareciam pelo caminho.

Diante do olhar espantado de muitos, a figura majestosa de Iemanjá podia ser vista muito acima da crista das ondas. Naquele momento, quase todos se lembraram de que o único Orixá a quem nenhuma celebração havia sido preparada em sua homenagem era a grande mãe de todas as outras Deidades (exceto as de origem Daomeana, que se acredita terem vindo de outra mãe, Nanã Buruku).

A figura matriarcal e a inconfundível hierarquia da grande mãe das águas haviam sido seriamente ofendidas.

Acolhida e triste ao mesmo tempo por ter sido esquecida por seus filhos, ela ordenou a um redemoinho de águas que destruíssem tudo. Suas águas estavam tão intempestivas/furiosas que passavam a impressão de serem escuras, refletindo a amargura e a aflição de Iemanjá.

Homens desesperados imploraram proteção ao Rei da Paz, Obatalá, a quem conheciam como o único capaz de aplacar e pacificar Iemanjá por completo. Portanto, ele ergueu seu *paxoró* de prata, seu grande cajado carregado de misticismo profundo e poderoso (o símbolo com que ele governa o mundo). Com um gesto de infinita grandiosidade, ordenou que as águas parassem e pôs um fim à cena devastadora.

As luzes cintilantes prateadas e brancas reluziram de seu cetro imaculado dentro das partes mais profundas do oceano. Bem aí, como se saindo de um imenso transe hipnótico, Iemanjá compreendeu que, apesar de tamanha ofensa, suas águas não iriam, nem poderiam, destruir a criação de Oxalá. As águas se acalmaram imediatamente. O barulho ensurdecedor parou e tudo voltou à harmonia, readquirindo sua cor natural e translúcida.

Com o mesmo cajado que servira para separar o mundo das Deidades e o da Humanidade, Oxalá restaurou a normalidade e a paz voltou a reinar.

16. Merindilogun / Dezesseis conchas abertas

"Um sábio é aquele que sabe ouvir, e um bom comandante sabe respeitar as solicitações e necessidades de seu povo. O sábio rege a cabeça de todos e não ignora a voz ancestral do oráculo."

Ouvir, silenciar e ver no momento certo é ignorar, falar e fechar os olhos quando necessário. Tudo depende das circunstâncias e os fatos que nos cercam.

Somente o iluminado está preparado para enxergar, falar a verdade e ouvir os sons mais secretos.

Os que sobrevivem ao poder do silêncio e enfrentam a continuidade dos pensamentos ágeis de ordem psíquica dão conta do poder da ação e da palavra.

Quem mais ouve será aquele capaz de falar mais adequadamente no momento certo. Quem menos fala pode refutar melhor. E quem quer que enxergue a "realidade" das coisas vê o que outros olhos não podem ver, até mesmo o que acontece além da matéria.

Você conseguirá perceber com clareza total as coisas invisíveis existentes nesta dimensão e as que não pertencem a este mundo.

Seu olhar parecerá perdido no horizonte, mas, na verdade, você terá encontrado o caminho da eternidade sem fronteiras, afinando seus recursos perceptivos e aumentando seu poder.

Não tenha medo de ver além. Há terras e lugares de cuja existência muitos homens nem sequer suspeitam. São lugares que no futuro serão mantidos como expressões de vontades e desejos de boa fortuna.

Mesmo sem poder tocá-los, eles estão aí e continuarão a estar conforme você abre o coração. Apenas o homem que olha com o coração capta a realidade.

Se as pessoas não entenderem ou não pensarem o mesmo que você, não as descarte ou as abandone, apenas se afaste para não se magoar.

Deixe que elas tenham a própria vivência e, se falharem em descobrir a verdade do espírito, é porque ainda não é sua hora ou momento.

Este signo traz paz e felicidade. Você é protegido e abençoado por Orixalá. Use branco em sua homenagem, para que sua vibração chegue facilmente até você.

Bons negócios e prosperidade baterão na sua porta.

O aprendizado não foi em vão, pois você não pediu mais nem ofereceu menos. O equilíbrio dessa atitude de vida é ofertado como recompensa após um caminho árduo.

As lições foram incorporadas como algo que estava latente e só precisavam que você despertasse.

Você é capacitado para liderar e guiar muitas pessoas. Muita gente precisa de você e espera suas palavras e seus conselhos. Essas pessoas acreditam no que você faz e no que diz. Há gente à sua espera e que precisa de você.

A coroação virá e, quando isso acontecer, você estará preparado. Então, será o momento em que você dará a cada um conforme as necessidades, e as condições espirituais das pessoas permitirão isso.

Ninguém pode tomar o que é seu. Prepare-se para encontrar pessoas pelo caminho que invejarão suas habilidades.

Não se preocupe, porque seu caminho está traçado e guiado por uma luz espiritual imensa e potente que o protege até mesmo de seres das trevas que se acham poderosos.

Você tem dons proféticos e visionários, mãos que aliviarão a dor e um coração que amará incondicionalmente.

Todas essas coisas belas estarão reservadas para você. Apenas dê tempo ao tempo para maturar ensinamentos, aprender com o sacrifício e superar as etapas com orgulho e dignidade, e a recompensa será enorme.

Patakkí

Nos primórdios de Ilê Ifé (a cidade ancestral e religiosa dos Iorubás, considerada o epicentro da criação), um estrangeiro de terras distantes chegou à cidade.

Apesar de ter grande conhecimento em magia herbalista e ritual, ele se mudara para longe de seu povo por não compreender certos fenômenos do mundo mágico. Hoje em dia esses eventos seriam considerados paranormais, os quais ele estava acostumado a perceber, mas sua racionalidade lógica o impedia de explicar.

Ao encontrar Ilê Ifé, uma terra de paz com magnífica espiritualidade refletida em cada um dos habitantes, ele se sentiu à vontade e decidiu se estabelecer no local.

Otá era o nome desse sábio, e entre suas qualidades estavam a fraternidade, hipersensitividade e dons de médium.

Além desses inúmeros estudos, ele tinha um ar de mistério cativante, e sua fama e popularidade cresciam dia após dia.

Um dia, a filha do rei ficou gravemente doente. Sem hesitar, o soberano invadiu a casa de Otá e implorou, desesperado, que ele curasse sua filha. O Ossainista (na época ele se tornara um ótimo especialista em plantas, flores e ervas em geral), lembrando-se de antigos rituais que nunca chegara a entender ou racionalizar, saiu de casa como se algo invisível o arrastasse dali. Olhando fixamente para o sol, suplicou pela energia e vitalidade do astro a fim de poder transmiti-las à enferma, que à primeira vista carecia dessa energia.

Otá não somente implorou pelo grande magnetismo do sol, mas também, metaforicamente, desafiou o astro nesse teste de fogo imposto a ele pela vida, falando e pedindo por fé absoluta, da qual nunca mais precisaria (afastando-se completamente de pensamentos tortuosos mais baseados na lógica do que na espiritualidade).

Com os braços estendidos e o olhar fixo no sol, Otá repetiu os pedidos sem cessar até que uma luz imensa o envolveu. Imediatamente, percebeu que era hora de agir. Ao entrar na casa, ficou um bom tempo com a vista ofuscada pelos raios de sol que o atingiram direto nos olhos. Ao recuperar a visão, enviou os soldados do rei para que eles trouxessem a maior pedra que pudessem achar, semelhante à princesa em tamanho e forma. Então, ele colocou o corpo da paciente na pedra e, aos poucos, começou a esculpir sua imagem nela. Levou vários dias para finalizar.

Ao terminar sua obra de arte, ele colocou em paralelo as duas imagens, a princesa e a escultura. Preparou omiero (líquido usado em vários rituais) com ervas que havia mandado coletarem e, primeiro, o deu para a garota beber; em seguida, molhou os lábios entalhados na pedra que parecia ganhar vida. Todos ficaram estupefatos quando as duas, a pedra e a princesa, começaram a se levantar.

A princesa correu para abraçar o pai e a pedra ficou em pé na frente de Otá. Da boca da escultura perfeita saíram estas palavras:

— *Obá Otá.*

Rei das Pedras.

E, repetindo essa expressão várias vezes, ouviu-se Olodumaré dirigindo-se a Otá da imensidão dos céus, reafirmando uma fé que ele quase perdera. Otá se deitou no chão em sinal de respeito e compreendeu o significado dos sinais, reconhecendo a importância de sua missão.

A fama de Otá cresceu em todo o reino dos Iorubás, e seu exemplo foi a base e o testemunho da crença desse povo.

Ramificações e Origens dos Odus

Através das combinações dos dezesseis Odus, obtêm-se ramificações inter-relacionadas chamadas *Orno Odu*. Quando multiplicadas e combinadas, elas geram 265 respostas até chegarem a 4096 Odus. Entre eles, há os chamados Odus Maiores (números 1, 2, 3, 4, 8, 10, 12, 13, 14, 15 e 16) e Odus Menores (5, 6, 7, 9 e 11).

O número 5, chamado Oxê, é considerado o menor. O mais antigo é Owaní-Oxê. Muitas das lendas se baseiam em mitos em que vários personagens se mesclaram e desempenharam um papel importante, tornando possível a transmissão oral desse conhecimento através dos séculos. Eles inspiram reflexão e reúnem ensinamentos e metáforas com clareza conceitual, investigando e adentrando o mundo sociocultural de qualquer idiossincrasia, por mais diferentes que sejam os padrões que os mobilizam.

Muitos desses Odus nascem ou se originam de outros. Para esses propósitos, é necessário conhecê-los e dominar com perfeição essas ramificações para que, quando elas forem inter-relacionadas, chegue-se a um veredito pleno. Dessa forma, cada Odu se une de maneira concomitante a outro, do qual ele é, ao mesmo tempo, uma ramificação e vida, originando entre si um equilíbrio perfeito e justo em que o *feedback* começa a acontecer.

Ao considerar qual signo proveio de outro, é possível obter um significado geral mais esclarecedor ao mesmo tempo que ele é comparado com a mensagem interior, na qual havia dúvidas devido à ausência de conceitos comparativos.

Cada Odu é uma reflexão a fazer e levar em conta. Ele representa um oráculo e simbolismo que, por meio de frases e histórias (frequentemente metafóricas), ensinam, alertam e orientam sobre situações espirituais, materiais e morais.

É preciso o êxtase contemplativo de uma conexão entre ser humano e Orixá (Babalaô-Ifá) para Orumilá responder e encontrar representações verdadeiras e práticas em comum e em linguagem atual, e também para dar vida a antigos ensinamentos, que, adaptados ao ritmo das sociedades hodiernas, surtem efeito e conferem premonições atemporais.

Entre os Iorubás na antiga África, os sacerdotes dedicados a Ifá (chamados Olúwos) eram escolhidos desde a infância e consagrados a essa entidade. Esses sábios conselheiros, além de terem o cargo de adivinhos, faziam do sacerdócio um tipo de doutrinação vitalícia em que canalizavam continuamente os ensinamentos míticos e sagrados que seus anciãos haviam transmitido a eles.

De tempos distantes a eras atuais, eles foram os depositórios do eró (segredo), e, como diziam meus professores, falavam com *Ifé ni okokán* (amor e doçura no coração).

Já mencionamos que existem nomes diferentes para cada um dos Odus. Da mesma forma, seus significados não variam, apesar da diferença de nomenclatura. Quando consultamos as conchas, muitas vezes ouvimos nomes diferentes do celebrante. Isso não significa ou revela conceitos errôneos da parte do consulente.

Muitas denominações antigas caíram em desuso, outras, devido à prática e ao uso, se tornaram presentes e foram adotadas com maior aceitação.

Origens dos Odus

Odus	Origem
Okanran	Provém de Ofun
Eji-Okô	Provém de Eji-Onile
Ogundá	Provém de Odi
Irosun	Provém de Owonrin
Oxé	Provém de Eji-Onile
Obará	Provém de Ejilaxebará
Odi	Provém de Okana
Eji-Onile	Provém de Merindilogun
Ossá	Provém de Odi
Ofun	Provém de Ossá
Owonrin	Provém de Oxé
Ejilaxebará	Provém de Ogundá
Metanlá	Provém de Oxê e Ofun
Merinlá	Provém de Eji-Okô e Obará
Ogbè-Ògúndá	Provém de Eji-Onile e Ossá
Merindilogun	Provém de Eji-Onile

Em outras palavras:

O Número	Nasceu do(s) Número(s)
1	10
2	8
3	7
4	11
5	8
6	12
7	1
8	16
9	7
10	9
11	5
12	3
13	5 e 10
14	2 e 6
15	8 e 9
16	8

Há ainda uma linha chamada Eyekún, também conhecida como Opirá e Adaké, quando todas as dezesseis conchas caem com o lado fechado para cima. Essa combinação é considerada desastrosa. Antes de continuar a consulta, devemos pegar água limpa com as mãos e jogá-la por cima da cabeça em direção ao céu, como se quiséssemos dissipar a má influência dessa linha com água em forma de chuva.

E, tal como o início e o fim parecem se aproximar no ciclo da vida, essa importante combinação de caos e confusão retorna após sua ação no começo (o número 1). Esta é a moral ou o provérbio que acompanha esse signo: "Seus olhos estão vendados, você é como um cego e não consegue enxergar nada.".

Provérbios para Configuração Dupla

Estes ditados e morais que muitas vezes destacam metaforicamente todo um sistema de simbolismos devem ser interpretados ao se consultar duas vezes seguidas o Dilogun. Por exemplo, se você consultou com os dezesseis búzios, primeiro o número 4 e depois o número 6, você deve fazer referência à frase listada como 4.6. No caso mencionado, leremos o seguinte: "Cuide para que ande por onde deve e garanta que seja um caminho direto e seguro. Não se pode estar em dois caminhos ao mesmo tempo".

Essas parábolas e metáforas se combinarão para dar a quem consulta e a quem busca conselhos uma ideia final da combinação das leituras.

Número 1

1.1 = Há problemas externos e internos. Que sua boca não sangre. Cuidado com o que diz.

1.2 = Se disparar flechas, tome cuidado para não ferir familiares ou amigos.

1.3 = Seus inimigos ainda estão de pé e não morreram. Cuide-se, senão você sangrará.

1.4 = Feridas e vermelhidão podem aparecer no corpo inteiro. Cure totalmente seu corpo, de todos os lados, de uma extremidade a outra.

1.5 = O ciúme pode destruí-lo, cimentar dúvidas e ressentimentos que podem afetar você e a outrem. Há revolta e disputas.

1.6 = Não perca a cabeça. O infortúnio maldito busca uma vítima. Seja cuidadoso e racional. Se agir assim com a verdade ao seu lado, você pode executar todas as etapas. Dessa forma, você não sairá perdendo nem falhará.

1.7 = Sonhar com a imensidão da morte não o afetará e, se você sonhar com o mar, não se afogará. Não precisa ter medo de suas profundezas.

1.8 = Quando temer ladrões, guarde sua casa e proteja-se. Em tempos de isolamento, reflita sobre os perigos a fim de se precaver para o futuro.

1.9 = Brigas entre cônjuges trarão infortúnios para o lar. Eles abrirão a porta para quem deseja roubar sua felicidade.

1.10 = Avareza por ouro não retém nem aumenta seu valor. Pelo contrário, o ouro se dissolve e desaparece de nossas mãos. Quem tudo quer, muito pouco ou quase nada tem.

1.11 = Desonestidade e teimosia trazem danos e doenças.

1.12 = Um mar apaga um grande incêndio porque problemas grandes são resolvidos com ótimas soluções. Não tente minimizar o problema, pois não vai resolvê-lo assim.

1.13 = Não negligencie sua posição ou sua missão. Você tem que estar sempre alerta e pronto para obedecer. Do contrário, podem chegar a matá-lo para se apropriar de seus bens ou tentar deixá-lo doente.

1.14 = Ninguém conhece o início e o fim das coisas.

1.15 = Descubra os mandantes e quem faz planos contra você.

1.16 = Todas as coisas têm seu lado negativo e positivo. Cabe a você saber como usá-las.

Número 2

2.1 = Veja 1.2.

2.2 = O casal infiel perde um ao outro, mas a mulher que só mente aguarda o mesmo destino.

2.3 = Evite disputas e tome cuidado com o que diz. As pessoas estarão atentas às suas palavras.

2.4 = As dificuldades são muitas – não tente superar todas de uma vez. Comece pelas menores, mantendo consistência, e verá que pode combater e finalizar as outras com mais facilidade.

2.5 = Dinheiro não é tudo, mas evita desgostos e tragédias. Se você for grato aos Santos e cumprir o que prometeu, a boa sorte estará ao seu lado.

2.6 = A verdadeira mudança ocorre quando um ser se transforma de dentro para fora. Tudo o mais é efêmero e supérfluo.

2.7 = Não fale demais, pois vai se cansar. Não coma demais, pois vai ficar doente. Faça as duas coisas e sua boca vai sangrar.

2.8 = Querem destronar Obá usando flechas, à força e com violência.

2.9 = Há rumores entre familiares e amigos. Proteja-se de crimes e mentiras. Há problemas em casa e na rua.

2.10 = Quem acorda cedo tira mais proveito do dia e guarda com mais cuidado o que encontrou anteriormente.

2.11 = Para viver, os pássaros precisam voar; se aprisionados, eles morrerão.

2.12 = Se você não compreender a linguagem de seus ancestrais, não será capaz de ouvir as revelações das conchas nem de interpretar os Odus.

2.13 = "Morte ao Rei; Vida longa ao Rei!"

2.14 = Nem todas as perdas são ruins. Algumas são até necessárias para a renovação e a vida contínua.

2.15 = Ninguém é capaz de entender tudo o que aconteceu, está acontecendo ou acontecerá.

2.16 = Todas as coisas têm a ver com o "todo", porque o nada não existe. "O todo" é anterior ao nada, e cada partícula dele está em todas as coisas. Você só precisa achá-las para reuni-las e estar ciente de "tudo".

Número 3

3.1 = Veja 1.3.

3.2 = Veja 2.3.

3.3 = Quando você levanta a voz e discute com arrogância, não detém a verdade – apenas tenta impor a sua.

3.4 = Onde tudo começa e termina. Há dois lados diferentes da mesma moeda, em que a dualidade pode fazer você ter problemas com a justiça.

3.5 = Buscar o que você abandonou ou deixou para trás, ou de que apenas se afastou por escolha, pode trazer má sorte. Ignore, mas com prudência e humildade. Agradeça antecipadamente ao Todo-Poderoso por consistência nas ações.

3.6 = Meça o que você quer e não abuse, porque terá mais perdas do que ganhos. Não mantenha o que não lhe pertence, do contrário, no futuro alguém levará isso embora.

3.7 = Por que pergunta se já sabe a resposta? A revelação está dentro de você.

3.8 = Não destrua ou vá atrás do que você, por algum motivo, tem na própria casa.

3.9 = É melhor não se meter em assuntos alheios. A melhor coisa a fazer é cuidar das próprias coisas e deixar tudo o mais nas mãos da Providência.

3.10 = Perdoe e esqueça – ainda que seja punido com violência. Todos os que perdoam estão livres da dor.

3.11 = Você não é responsável pelo karma alheio; as pessoas precisam resolver os próprios problemas. Você pode apenas ajudar, mas sem assumir a responsabilidade pelos outros.

3.12 = O coração e o cérebro tornam as coisas justas e certas. Se algum deles falha, o desequilíbrio traz derrota e fracasso.

3.13 = Não se pode beber água com as mãos sujas, porque o que você bebe vai deixá-lo doente.

3.14 = Independentemente do instrumento usado para machucá-lo, sua ferida vai sangrar.

3.15 = Você precisa saber beber para não prejudicar o corpo, e precisa fechar a boca para não beber mais. Reconheça seus limites e os da pessoa a quem você oferece outra bebida.

3.16 = Muitas vezes, as pessoas pagam caro pela vontade de poucos.

Número 4

4.1 = Veja 1.4

4.2 = Veja 2.4

4.3 = Veja 3.4

4.4 = Se você não cuidar das suas coisas, ninguém fará isso no seu lugar. Se você as ganhou, deve cuidar delas, do contrário as perderá. Você também deve proteger os seus, pois a única coisa que pode fazer é mantê-los em segurança.

4.5 = Cuidado com o espírito dos mortos que vagam sem parar e não vão descansar até encontrarem alguém. Corra e se esconda, tome as precauções necessárias para evitar infortúnios. Nada vai frutificar se você não tomar as medidas necessárias.

4.6 = Cuide para que ande por onde deve e garanta que seja um caminho direto e seguro. Não se pode estar em dois caminhos ao mesmo tempo.

4.7 = Se a cabeça não guia o corpo, o corpo não andará bem e seus passos serão enganados. Pense, do contrário ninguém se interessará por você devido à sua grande incongruência.

4.8 = Se você nasceu para ser o primeiro, não pode ficar por último. Não é certo contradizer o planejado. Não se iluda.

4.9 = Caminhar em segurança é olhar por onde anda sem negligenciar a retaguarda e, ao mesmo tempo, sem se distrair com o que está à frente. Você não pode retraçar seu caminho, pois suas pegadas permanecerão lá, mesmo que queira escondê-las.

4.10 = O presumido recebe pouco crédito.

4.11 = Se você não está limpo e puro o bastante, não se misture com o sagrado, pois acabará sendo corrompido e passará muita vergonha.

4.12 = Não se apresse. Às vezes, quem segue o próprio ritmo chega antes e faz o próprio trabalho.

4.13 = Ter filhos é uma missão, e cuidar deles será sua responsabilidade.

4.14 = Um nascimento e uma briga acabam no hospital.

4.15 = Você não pode ensinar nada a um homem do mar. O pescador pode guiar você nos grandes mistérios.

4.16 = Livre-se de posses e busque sua recompensa.

Número 5

5.1 = Veja 1.5

5.2 = Veja 2.5

5.3 = Veja 3.5

5.4 = Veja 4.5

5.5 = Você deve agir rápido. Tudo pode virar uma bagunça e um caos. O melhor conselho é falar menos e agir mais.

5.6 = É fácil gostar de tudo ao ar livre. É quando você está livre de paredes e opressões que consegue distinguir entre duas maneiras de pensar e encontrar um equilíbrio. O progresso está lá fora.

5.7 = Mesmo que você esteja livre de cobranças e suspeitas, não se vanglorie, pois a boa sorte nem sempre estará ao seu lado. Não houve evidência alguma contra você, mas ficar se gabando seria perigoso. Cuidado com o que diz, e, se prometeu algo, cumpra a palavra.

5.8 = Agir sem mentiras é agir com inteligência. Omitir ou esconder também é mentir, e, querendo ou não, isso sempre é descoberto. Nada escapa aos olhos de Deus. Você pode perder a coisa mais valiosa (o amor) se mentir. Mantenha suas promessas dizendo a verdade e valorizando as coisas que você tem agora.

5.9 = Cuide de seus entes queridos e das coisas com que Deus o abençoa. Aprecie-as e ame-as agora que as têm. Amanhã pode ser tarde demais. Faça isso hoje e será recompensado, do contrário, terá um karma negativo. Cuide das suas coisas e mantenha a palavra.

5.10 = Você não deve esconder infortúnios nem a boa fortuna, nem tristeza nem alegria. É melhor agir honestamente para evitar o que não quer. Aja e trabalhe com a verdade, de acordo com a maneira como vive. Busque ajuda espiritual. Esta é a resposta.

5.11 = Brincar com fogo é perigoso porque você corre o risco de se queimar.

5.12 = O que você não aprende neste mundo, aprenderá no pós-vida.

5.13 = Os horizontes são amplos. Tome precauções, pois lá você encontrará atividade, não passividade.

5.14 = A boa fortuna poderá estar ao seu alcance, mas certos obstáculos evitam que ela chegue a você com real esplendor.

5.15 = Para ficar em paz, você precisa honrar suas dívidas, deveres e todas as promessas.

5.16 = Não haverá modificações mais negativas comparadas com o que está acontecendo. Talvez mudar de estratégia ou lugar não seja a solução para os seus problemas.

Número 6

6.1 = Veja 1.6

6.2 = Veja 2.6

6.3 = Veja 3.6

6.4 = Veja 4.6

6.5 = Veja 5.6

6.6 = Um verdadeiro Rei nunca morre na memória de seu povo, pois quem governa com inteligência e equidade é um sábio que o tempo não pode destruir.

6.7 = Só se pode caminhar em uma única direção num dado momento. Não tente estar em dois lugares ao mesmo tempo, porque é impossível. Apesar de existirem quatro pontos cardeais, você não conseguirá andar em quatro direções ao mesmo tempo. Um coração não pode bater de amor por duas pessoas simultaneamente, pois uma delas será enganada. Ou, o que é pior, no fim o enganado é você.

6.8 = Respeitar a ancestralidade lhe traz experiência. O tempo é sábio, e sabe quando algo começa e precisa atingir o ápice. Tudo está no ponto e medida exatos. Agir sem afobação ou pressa lhe dará oportunidade para refletir e analisar as coisas.

6.9 = Não fale bobagens e não minta, senão você será considerado fantasioso ou mentiroso e as pessoas não acreditarão em suas palavras. Você se tornará vítima das próprias mentiras e loucuras. Você precisa saber valorizar cada coisa e não fazer confusão.

6.10 = Um verdadeiro Rei não se contradiz nem tem opinião dúbia. Tolice e incongruência não governam bem um povo.

Você precisa mudar de atitude e observar comportamentos consistentes. Não pode haver duas ordens ao mesmo tempo.

6.11 = Fingir, mentir e invejar são faltas graves. Fingir o que não se é traz coisas indesejadas e o torna escravo do desejo ou da pretensão na escravidão delirante.

6.12 = A teimosia traz a derrota. Você precisa governar sozinho e as coisas mudarão.

6.13 = Quem está habituado a mentir e falsificar tem dois corações e duas caras.

6.14 = Se você rejeitar o que precisa aceitar, mais cedo ou mais tarde sua cota de tarefas vai aumentar.

6.15 = Quem se comporta com verdade é afortunado, e quem mente é infeliz.

6.16 = Todo soberano passa o poder para um sucessor.

Número 7

7.1 = Veja 1.7

7.2 = Veja 2.7

7.3 = Veja 3.7

7.4 = Veja 4.7

7.5 = Veja 5.7

7.6 = Veja 6.7

7.7 = Quem trabalha pelos próprios pais faz o bem e é bom filho. Um bom filho é um bom pai e bom marido. Seja leal à sua esposa e será leal à sua família.

7.8 = Esquecer ou desprezar as próprias tradições é tolice. Reflita a respeito e verá que o que você aprendeu na infância e com seus ancestrais é sábio. Se você mudar essa escala de valores, haverá inquietação. Se respeitar seus pais, será tocado pela graça de Deus.

7.9 = Não gaste com coisas fúteis e desnecessárias. Nem tudo o que aparece à sua frente é atraente ou bom para consumo.

7.10 = Ser uma pessoa honesta é obedecer e cumprir ordens.

7.11 = Não gaste com coisas fúteis e desnecessárias. Nem tudo o que aparece à sua frente é atraente ou bom para você.

7.12 = Espere os resultados finais para ver como as coisas se desenrolam. Seja paciente.

7.13 = Quem sabe ser racional sabe esperar e ouvir com atenção.

7.14 = Dois bicudos não se beijam.

7.15 = Se quiser atirar à deriva, tente ter uma base firme e segura. Você está realmente fazendo a coisa certa? Confirme os mecanismos, etapas e ação.

7.16 = Descubra a fonte e como tudo começou.

Número 8

8.1 = Veja 1.8

8.2 = Veja 2.8

8.3 = Veja 3.8

8.4 = Veja 4.8

8.5 = Veja 5.8

8.6 = Veja 6.8

8.7 = Veja 7.8

8.8 = Não importa quão dura e dolorosa seja uma ferida, ela sempre acaba se curando. A dor e as queixas cessam, os dias de infortúnio passam. Da mesma forma, cuide de seus entes queridos, sobretudo os amigos, do contrário poderá se afastar deles.

8.9 = Se você esperar o momento certo, poderá ver os resultados. A pressa é inimiga da perfeição. A avidez traz resultados insatisfatórios, e é típica de pessoas pouco experientes. Não repita erros, isso só lhe trará atrasos e dificuldades, afastando-o de seus objetivos.

8.10 = Não é aconselhável dever algo a uma pessoa importante e incansável. Você não conseguirá aproveitar nada, já que seu credor, sagaz e muito ativo, não vai parar até você pagar o que deve e prometeu. Nesses casos, é bom ter ajuda de familiares ou de pessoas que você considera da família, mesmo sem laços de sangue.

8.11 = Subestimar-se é errado, mas se valorizar demais é ainda pior. Se quer subir na vida, a humildade deve ser sua aliada. O orgulho é o melhor veículo para cair no desastre. A porta do verdadeiro abismo se chama egocentrismo. Tente ter autoestima sem cair no excesso, porque o equilíbrio de valores é necessário para criar as bases certas. Reconheça-se pelo que é, por seu valor real, o que você apoia ou representa. Este é o primeiro passo que você deve dar para ter ascensão no caminho da vida.

8.12 = O que se obteve por vantagem injusta vai aparecer. Quem adquiriu poder tirando vantagem dos outros vai sucumbir e cair. Em seguida, haverá tranquilidade e todos terão o que mereciam. A escuridão da confusão vai desaparecer para abrir caminho à luz.

8.13 = Quem consome coisas não saudáveis não sentirá prazer, e seu sangue, alma e corpo ficarão doentes. A enfermidade brotará na carne e a pele infeccionará. O verdadeiro prazer está nas coisas benéficas ao corpo e à evolução da psique e da alma humana.

8.14 = Sábio e prudente é aquele que sabe diferenciar o canto dos pássaros das aldeias e das selvas. Embora pareçam os mesmos, são aves e cantos diferentes. Cada um tem um hábitat distinto.

8.15 = Medidas sólidas darão fim a problemas sérios. Para grandes problemas, grandes soluções. Resolva depressa os problemas para que eles não se estendam. O frio apaga o calor. Como força dinâmica, o calor também lutará por equilíbrio. Na compensação obtida das duas forças, encontraremos o equilíbrio.

8.16 = Você não deve parar; pelo contrário, deve continuar. Tudo chegará com moderação e no devido tempo. Nada de fazer confusão ou perder o controle. Não se obtém sabedoria de um dia para o outro. É aí que encontramos os processos determinados, o tempo definido e a continuidade na ação. Esses fatores são necessários para estabelecer o conhecimento que alcançará a verdadeira sabedoria da alma.

Número 9

9.1 = Veja 1.9

9.2 = Veja 2.9

9.3 = Veja 3.9

9.4 = Veja 4.9

9.5 = Veja 5.9

9.6 = Veja 6.9

9.7 = Veja 7.9

9.8 = Veja 8.9

9.9 = Se desde o início as coisas foram assim, você não pode mais mudar os princípios, e é melhor deixá-las como começaram. Cuidado com um mau amigo, pois ele pode traí-lo. O amigo falso aparece em pele de cordeiro, mas, por trás dessa fachada, há um animal selvagem prestes a atacar. Entretanto, mudanças bruscas no meio do caminho não são aconselháveis, pois trariam mais males do que bens. Tome as precauções necessárias para evitar se ferir; afaste-se e meça as possibilidades para seguir em frente nesses procedimentos.

9.10 = Você não quer enxergar a realidade, mas ela se fará presente. Pode até demorar um tempo, mas ela aparecerá diante de seus olhos. A verdade e a realidade estão escondidas, tal como seus inimigos. A cortina que os oculta se abrirá e você verá tudo. Desta vez, você será quase um espectador. Não negue o que seus olhos veem ou ignore o que os ouvidos escutam.

9.11 = Em uma competição, não há espaço para dois vencedores ou para compartilhar a coroa de louros. A única maneira de conseguir isso seria desmontando a coroa. Nesse caso, não haveria nada para coroar o vencedor. Apareça para ganhar, esteja à altura da ocasião com dignidade e nobreza, e a vitória será sua.

9.12 = Preste atenção em todas as coisas para que elas não fracassem. Tome todas as precauções necessárias para que nada fique à deriva. A bagunça pode levar à derrota.

9.13 = O que foi dito ninguém pode negar. O que está feito, está feito. Reflita antes de julgar ou dar uma opinião. Analise com cuidado o que se apresenta antes de canalizar uma ação ou materializar esforços que possam gerar alguma ação futura.

9.14 = Não deve haver morte ou traição entre amigos. Se você trair um amigo verdadeiro, vai matá-lo em vida. Não haverá perdão. Devagar e sem perceber, você mataria a possibilidade de ter pessoas sinceras e dignas ao seu lado. Se assim for, a solidão será seu fim inexorável.

9.15 = Incitar a morte de outros é convidá-la para entrar em sua própria morada. Se você se associar com a morte, não conseguirá afastá-la de sua vida. Cuidado! Sua influência é poderosa e chega sem avisar, abre todas as portas sem preconceito contra classes sociais ou culturais. Envolve todas as pessoas, etnias e continentes. Quando a morte chega, podemos ouvir seus passos, podemos senti-la mesmo sem vê-la. Não tenha a morte como inimiga nem como aliada.

9.16 = A chuva é uma bênção de todos os Santos e Olodumaré. Ela cura todas as feridas (mesmo as que não são vistas), purifica todas as coisas, lava nosso campo áurico, clareia a mente e varre as impurezas. Esse elemento está presente na interpretação dessa combinação para ajudar e apoiar o consulente. Essas forças desbloquearão seu caminho e limparão o que não estiver vibrando na mesma frequência.

Número 10

10.1 = Veja 1.10

10.2 = Veja 2.10

10.3 = Veja 3.10

10.4 = Veja 4.10

10.5 = Veja 5.10

10.6 = Veja 6.10

10.7 = Veja 7.10

10.8 = Veja 8.10

10.9 = Veja 9.10

10.10 = Sempre que estiver procurando uma solução, você a encontrará. Analise todos os detalhes e não deixe de considerar nada. Mesmo as menores pistas o ajudarão a encontrar a resposta de que precisa. A união de sentimentos faz a força. Recorra a seus entes queridos e busque conselhos e a experiência dos mais velhos. Todos são capazes de recordar e fornecer dados e lembranças para alcançar uma solução.

10.11 = As coisas práticas não devem alterar os sentimentos e a falta de preocupação não deve resvalar para a indolência. O ócio e a ausência de praticidade não são atributos de uma mente racional. É possível um coração ser prático sem ser materialista. Ele pode ser pouco prático sem perder a coerência. Você também pode ser despreocupado sem ser indolente. Apenas o racional pode lidar com esses preceitos e manter os princípios inalterados dos julgamentos.

10.12 = Você é o único dono de seus caminhos e sua vida. Organize a trajetória e as etapas serão tranquilas e seguras, e sua vida será calma e clara. A única pessoa que percorre seu caminho é você. Nem sua própria sombra pode imitá-lo, porque ela não pode andar a menos que você decida.

10.13 = "Faça o bem sem olhar a quem" e o equilíbrio das recompensas cármicas o beneficiarão quando a sabedoria eterna julgar necessário para sua evolução. Seres inteligentes trabalham com as forças do bem. Seres ignorantes atuam com forças sombrias ou equivocadas. O bem o protege e o recompensa; forças malignas o desamparam e o punem. Não se esqueça de que você é o único a receber a recompensa ou a punição, porque escolher o caminho por onde andar depende da sua decisão.

10.14 = Sempre seja um exemplo do que você aprendeu e do que coloca em prática. Deve ser uma ética verdadeira, e não mera oratória ou palavras vãs. Não pregue o que você não faz ou não pode cumprir devido à falta de vontade, habilidade ou desejo. Você deve ser o reflexo de seus pensamentos, a materialização de suas expressões e a ação de suas promessas.

10.15 = Você não pode esconder ou negar sua sombra, ou mesmo rejeitá-la enquanto houver luz. Você terá de encarar a verdade apesar dos medos e inseguranças. O medo só cria falsas imagens que contradizem a realidade. Ela está bem aí, e você não pode escondê-la, assim como não pode usar o dedo para esconder o sol. Mesmo se fechar os olhos, você não pode fazê-la desaparecer. Ela só desaparecerá de sua visão, mas ainda estará aí.

10.16 = Aja com justiça, mas não a faça com as próprias mãos – deixe isso com o Todo-Poderoso. Só ele conhece o destino dos seres humanos. Os meandros da justiça divina são incessantes para a capacidade da mente humana. Tente apenas ser justo, equitativo e, acima de tudo, sempre tenha compaixão e misericórdia.

Número 11

11.1 = Veja 1.11

11.2 = Veja 2.11

11.3 = Veja 3.11

11.4 = Veja 4.11

11.5 = Veja 5.11

11.6 = Veja 6.11

11.7 = Veja 7.11

11.8 = Veja 8.11

11.9 = Veja 9.11

11.10 = Veja 10.11

11.11 = Estar só não significa que você seja um solitário. Aprenda a ouvir o som do silêncio e saberá que, além de você, há um mundo em que a fúria e a placidez coexistem, dualidades de silêncios ensurdecedores e ruídos calmantes. Quando você realmente entende a unidade solitária do uno, as duas coisas chegarão e multiplicarão, criando sucessivamente o majoritário. Então, onde você está e onde deseja estar será uma questão de escolha. Inicie sua jornada interior que o levará primeiro até si mesmo e, depois, você encontrará todas as coisas. A chave é encontrar novamente.

11.12 = Como ser humano, você é feito de carne e do Divino. Você nunca será totalmente bom ou completamente mau, nem cem por cento errado ou certo. Quando você pensar o contrário, terá começado a ser. Tão simples quanto a noite que antecede o dia. Lembre-se: "No princípio, tudo eram trevas.".

11.13 = Nem sempre a briga e a discussão o levam à vitória. Às vezes, o êxtase e a placidez da espera silenciosa, ao lado da resignação (que de forma alguma é uma desistência), podem levá-lo ao sucesso. A vitória e o sucesso nem sempre se difundem ou produzem ruídos ensurdecedores pelo caminho. Muitas vezes você não ouvirá a fanfarra dos trompetes da vitória na terra, mas no além haverá um coro de almas cantando seu triunfo quando ele for justo e válido.

11.14 = Você não deve responder de maneira ofensiva a perguntas dolorosas. Responder com inteligência é fazê-lo com verdade, mas sem magoar, com prudência, mas sem fraqueza. Assim, não haverá violência, mas tranquilidade.

11.15 = Quem não sabe sorrir não terá o coração aberto. Você não terá capacidade de constituir família ou espalhar suas sementes. Quem não sabe estender a mão terá muita dificuldade para atrair companhia na vida. Muitas vezes, abrir-se contém riscos implícitos, mas a reclusão também tem seu lado negativo; ela traz dor ao espírito e solidão à alma e à matéria.

11.16 = Nem a coisa mais poderosa, rica, forte ou cativante do mundo é mais importante, poderosa, rica, forte ou cativante que a beleza do espírito. Essa condição o torna livre e capaz de ser feliz.

Número 12

12.1 = Veja 1.12

12.2 = Veja 2.12

12.3 = Veja 3.12

12.4 = Veja 4.12

12.5 = Veja 5.12

12.6 = Veja 6.12

12.7 = Veja 7.12

12.8 = Veja 8.12

12.9 = Veja 9.12

12.10 = Veja 10.12

12.11 = Veja 11.12

12.12 = Se você quer vencer a disputa, seja calmo, ordeiro, criterioso, alerta e atento aos movimentos. A imprudência pode ser fatal e definitiva. Não chegue furioso ou fazendo barulho. Não cante vitória até a última palavra ser dita e não a presuma. Enquanto comemora, outros podem se alegrar de forma vil contra você. O tempo é tudo, e entre as coisas que ele expressa está a vitória dos que venceram com nobreza e dignidade.

12.13 = Nenhuma erva na terra vai curá-lo a menos que você olhe para dentro e, em um ato de humildade, oferecer-se aos necessitados a fim de ajudá-los no sofrimento. Só assim você vai superar a dor, as tristezas, os desgostos e a incerteza.

12.14 = O que não funciona para sua família também não funciona para você. Não há alegrias solitárias ou recompensas não reconhecidas. A verdadeira celebração é aquela compartilhada com quem realmente sente orgulho e alegria por seus triunfos.

12.15 = Trate os outros como você gostaria de ser tratado, senão a doença e o infortúnio baterão à sua porta. O que você dá, você receberá. Essa é a lei da compensação. Se o magoaram, deixe a ferida sanar. Só o tempo e o amor vão curar.

12.16 = O que fica estagnado não vibra. Se não vibra, não é um ciclo de evolução. Rejeite e aceite o que vibra a uma frequência elevada, pois essa é a única maneira de transcender a outros planos mais altos.

Número 13

13.1 = Veja 1.13

13.2 = Veja 2.13

13.3 = Veja 3.13

13.4 = Veja 4.13

13.5 = Veja 5.13

13.6 = Veja 6.13

13.7 = Veja 7.13

13.8 = Veja 8.13

13.9 =   Veja 9.13

13.10 = Veja 10.13

13.11 = Veja 11.13

13.12 = Veja 12.13

13.13 = Introspecção e ostracismo são equívocos. Procurar por explicações não é errado, mas, se você continuar procurando, não chegará a conclusões e se afundará em perguntas. Se não tomar cuidado, você pode se tornar vítima de si mesmo. Abra-se, saia do confinamento e enxergará tudo diferente.

13.14 = Sucesso e fracasso podem se tocar em um ponto imperceptível. Eles podem estar juntos, uma vez que sua existência é efêmera, ou representar dois lados de uma mesma moeda. É importante saber como diferenciá-los e distingui-los a tempo, a fim de que, apesar da diferença inicial, eles não se confundam ou, o que é pior, se unam por completo.

13.15 = Se quiser saber se as pessoas choram e não se esquecem de você, é possível mentir e se disfarçar encenando a própria morte no seu funeral. Você correria esse risco por tão pouco? Pense até que ponto é necessário você saber disso. Lembre-se, emoções e sentimentos sinceros muitas vezes são internos e invisíveis aos olhos, que não podem percebê-los.

13.16 = Pare de ficar anunciando os defeitos alheios. Em vez disso, olhe para os próprios erros a fim de compreender melhor os outros e modificar as próprias deficiências. Enfatizar os erros das outras pessoas as deixará relutantes para confessar incompreensões, e elas se afastarão. Isso as deixará tão inseguras que seus erros se tornarão mais frequentes e profundos, acabando por criar um abismo de dor em ambos os lados que será muito difícil remediar.

Número 14

14.1 = Veja 1.14

14.2 = Veja 2.14

14.3 = Veja 3.14

14.4 = Veja 4.14

14.5 = Veja 5.14

14.6 = Veja 6.14

14.7 = Veja 7.14

14.8 = Veja 8.14

14.9 = Veja 9.14

14.10 = Veja 10.14

14.11 = Veja 11.14

14.12 = Veja 12.14

14.13 = Veja 13.14

14.14 = Existe o momento certo para reagir e agir, independentemente do resultado. Se você escolher bem o momento e a oportunidade, o resultado será satisfatório.

14.15 = A repreensão de um sábio é mais benéfica que o elogio de um ignorante ou a adulação de um tolo. A repreensão fará você progredir. A sabedoria com que o corrigem demonstra a nobreza de quem o corrige. A nobreza é uma condição de sábios genuínos. A bajulação de um tolo aumentará seus equívocos e ignorância.

14.16 = Você não tem séculos para viver e só está ciente de uma única vida (a que você leva neste exato instante). Não seja indolente; faça as coisas agora, porque o tempo passa e não espera. Há um relógio biológico e o da eternidade. Os ponteiros de ambos revolvem na infinita roda da vida, da qual ninguém escapa. Viva bem cada minuto de sua vida!

Número 15

15.1 = Veja 1.15

15.2 = Veja 2.15

15.3 = Veja 3.15

15.4 = Veja 4.15

15.5 = Veja 5.15

15.6 = Veja 6.15

15.7 = Veja 7.15

15.8 = Veja 8.15

15.9 = Veja 9.15

15.10 = Veja 10.15

15.11 = Veja 11.15

15.12 = Veja 12.15

15.13 = Veja 13.15

15.14 = Veja 14.15

15.15 = Use o que precisar na vida sem abusar de nada, porque o uso, e não o abuso, é a chave para tudo. Do contrário, a fonte vital perece neste plano. Uso excessivo é abuso, e o abuso leva à destruição.

15.16 = Se você rejeitou alguma coisa é porque tinha motivos, e não precisa se arrepender. O que cai pode se levantar, mesmo quando é algo inanimado.

Número 16

16.1 = Veja 1.16

16.2 = Veja 2.16

16.3 = Veja 3.16

16.4 = Veja 4.16

16.5 = Veja 5.16

16.6 = Veja 6.16

16.7 = Veja 7.16

16.8 = Veja 8.16

16.9 = Veja 9.16

16.10 = Veja 10.16

16.11 = Veja 11.16

16.12 = Veja 12.16

16.13 = Veja 13.16

16.14 = Veja 14.16

16.15 = Veja 15.16

16.16 = Você tem o dom profético da adivinhação. Você tem o reino e o povo, mas é necessário coroar o Rei e definir o monarca nobre e justo. Encontre as respostas dentro de um Obá verdadeiro e verá que a resposta é você mesmo. Talvez você tenha de dar várias voltas na vida para finalmente perceber que tudo estava perto, muito perto. Não importa. Tudo aquilo por que você teve de passar foi experiência se acumulando para que a luz e a vida pudessem brilhar mais no seu caminho.

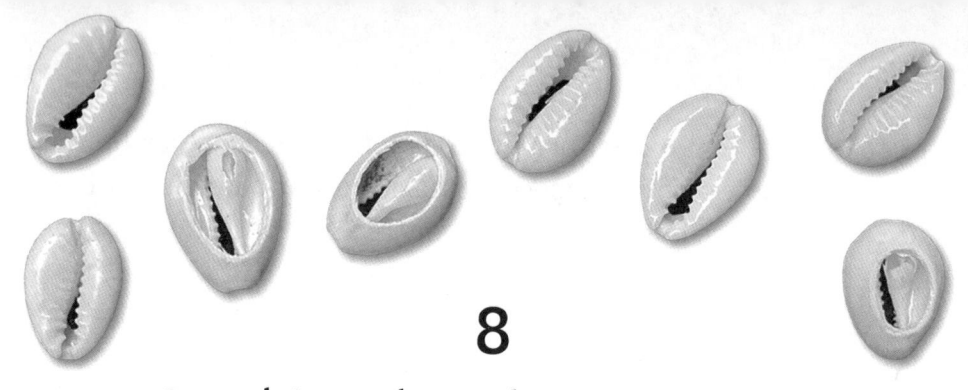

8
Opelé: Adivinhação com a Linha de Ifá

Oráculos de Ifá

O Opelé, ou linha de Ifá, é um elemento divinatório indispensável do vidente. Ele se constitui de duas linhas ou duas "mãos" que consistem de oito partes de cocos representando Ifá ou Orumilá (também conhecido como Urumilá ou Orunmilá).

Diz uma lenda que Orungá, filho de Aganjú e Iemanjá, foi quem plantou a primeira palmeira, da qual foram extraídas as sementes para fazer o primeiro Rosário de Ifá. O nome de Orungá é conhecido e, às vezes, invocado como *moyubando* (um tipo de recitação invocatória) pelos pais do segredo, os adivinhos ou Babalaôs.

Os frutos de palma são chamados Ikines, e possuem conotação sagrada por representarem os dezesseis olhos de Ifá na quantidade das combinações primárias dos Odus. Da mesma árvore, obtém-se um óleo ou manteiga usado na elaboração de refeições, oferendas, ebós, rituais etc. Na África, ele é conhecido por nomes diferentes: *Abobe, De-Kla, De-Yayá, Di-Bopé, Ade-Koi, Adersan, Dendém* e outros. Em Cuba, é conhecido como *manteca de corojo*, e no Brasil, o óleo extraído é conhecido como óleo de dendê.

Esses frutos são extraídos da palmeira. A árvore possui características sagradas e serve como lar material para Ifá criar o contato mágico entre seres humanos e deuses, definindo os desígnios do futuro. Ao falarmos de Ifá, temos de deixar claro que estamos nos referindo ao sistema divinatório usado pelo Babalaô em suas predições e interpretações.

Estamos falando dos 4096 Odus, resultantes dos 256 da multiplicação e integração dos dezesseis Odus principais, entre si. Orumilá, filho de Oduduá e Yembó, detém todos os Oráculos e todos os ritos cerimoniais de Ifá. Ele foi o último Orixá que nasceu, e seu poder foi o último a chegar à Terra. É por isso que ele conhece todos os segredos e tudo o que acontece a cada um dos Orixás, uma vez que sua energia já se manifestava em um estado latente de ação no Cosmos. Ele conhece e entende o presente, o passado e o futuro de todas as pessoas antes de elas encarnarem e após sua morte.

Em leituras com o Opelé, cada Odu é presenteado com uma função específica da linha ou do rosário do Orixá divinatório, e a leitura se baseia nas diferentes posições côncavas ou convexas resultantes das sementes da palmeira. Pode haver dezesseis interpretações, sempre levando em conta a forma como o rosário cai e marcando um lado direito e um lado esquerdo para a leitura e interpretação. Esses são os arquétipos (*Olodu*).

Ao manusear as dezesseis Ikines (a parte mais dura do fruto ou semente da palmeira), o respeito pelo Babalaô se transforma em algo ancestralmente mágico e poderoso. Começa a ocorrer a união dos dezesseis olhos de Orumilá e das dezesseis janelas do palácio de Obatalá. O sacerdote tenta pegar todas de uma vez com a mão esquerda (um modo intuitivo de usar o lobo direito do cérebro) e em seguida começa as devidas invocações.

Assim, ele está pronto para marcar o Opon Ifá (o tabuleiro divinatório de Ifá). Se uma Ikine fica de fora do jogo na primeira verificação, ele fará duas marcas na zona correta. Se há duas Ikines sobrando na segunda verificação, ele será marcado no lado esquerdo de Opon Ifá.

Número ímpar equivale a duas marcas, e número par equivale a uma marca. Dependendo da ordem das funções, a zona esquerda ou direita marca o estilo binário de demarcação pelo qual o sistema de Ifá atua e é representado ao mesmo tempo. Isso se baseia em um agrupamento duplo em duas colunas que resulta de quatro figuras lineares quando eles são Meji (duplas) (veja no apêndice as representações do Meji).

Todas as combinações de Odu conhecidas pertencem ao grupo Dafá. Cada Ikine é não somente o meio por que podemos contatar o que chamaríamos de Ilê Awó (terra, lugar, casa ou, em um aspecto mais generalizado, o universo divinatório ou o território dos segredos). Ela também representa o símbolo vivo da perpétua geração de vida como a semente e a fonte de esperança para a regeneração de todo ser vivo. Nesse ciclo perfeito, vida e morte se vinculam em um único aspecto, a eternidade dos ciclos que nunca acabam, o que traz as mensagens e a sabedoria dos tempos.

A representação do sistema de Dafá é feita de duas linhas verticais. Uma linha é considerada o primeiro passo para abrir e desenvolver o canal do elemento primário ou masculino no sentido simbólico da vida. Linhas duplas simbolizam a unidade e a concentração de esforços para preservar a vida e impulsioná-la com um aspecto regenerador, simbolizando o elemento feminino.

Ambas simbolizam pergunta e resposta, expansão e concentração, abstrato e concreto. Ambas são os lados perfeitos de uma esfera sujeita a um todo. A partir do jogo de linhas duplas e únicas, chegamos aos 256 octagramas. Eles são o resultado da combinação dos dezesseis Odus principais e suas ramificações. Eles relatam mitos e lendas interconectados, todos ricos em exemplos e ativamente inter-relacionados.

Cada um tem como título uma antiga frase metafórica africana que tentei assimilar e adaptar a fim de facilitar a compreensão ao leitor, inserindo-os no mundo em que vivemos. Também é na prática religiosa dos fiéis que eles são eficazes no campo da profecia. Adaptar as frases metafóricas foi necessário para melhor compreensão do homem moderno, sem perda de validade ou de valores culturais e étnicos. Além disso, respeitaram-se símbolos e raízes que considero inalteráveis e imperturbáveis.

Os Oráculos de Ifá não são apenas meros oráculos. Pelo contrário, são toda a sabedoria e a experiência do poder ancestral. Eles revelam os valores éticos e morais pelos quais qualquer grupo humano que se valorize como parte de uma civilização deveria levar em conta.

Como os Dez Mandamentos ou os ensinamentos de sabedoria, eles exercem, e ainda exercem, regras e procedimentos de conduta para continuar a diferenciar o Bem do Mal ao criar guias de conduta e regras de coexistência para seres humanos.

Os mitos e as lendas não se fundem somente de uma maneira ilusória, utópica e irrealizável, mas de um modo totalmente palpável e solene. Resumindo, todas as técnicas divinatórias se unem num ponto indeterminado, impensável ou indecifrável à mente humana, governada por desejos divinos. Mas aqueles que colocam em prática algumas delas estão sincronizados em tempo e distância de uma forma incompreensível a quem raciocina com parâmetros rígidos e estreitos. Portanto, a mente do adivinho deve viajar, transcender o próprio corpo e voar como pássaros (símbolos de Ifá) para que, do céu, seus ouvidos ouçam o que outros não conseguem ouvir e seus olhos enxerguem o que a retina de nenhum outro ser humano é capaz de ver.

Essa jornada mágica é feita pelo Babalaô (que conhece os mistérios), pelo Orixá-Awó (usado no Merindilogun) ou por qualquer Xamã.

A Configuração de Cada Linha no Ifá

Odus de Ifá

Dos dezesseis Odus de Ifá, os números 1, 2, 4 e 7 são considerados maiores ou principais. Coincidentemente, a soma desses números resulta no número 14, que é a representação matemática de duas somas sete. (Lembre-se da importância na magia e no esoterismo do número 7 como um número mágico por excelência.) Se reduzimos 14 a um número de uma só unidade (1 + 4), isso nos dá o número 5, que é a representação do equilíbrio em uma pessoa que usa de forma lógica as potencialidades dele.

Os símbolos das demarcações pertencentes aos Odus Maiores representariam a concepção dos fundamentos do Ifá. São eles: Ejiogbe Meji, Oyeku Meji, Obara Meji e Odi Meji.

Configurações

Obara Meji: Setores direito e esquerdo (cada um com uma linha individual com o lado convexo, e os três subsequentes com o lado côncavo).

Okana Meji: Disposição inversa em relação à linha do anterior.

Oyeku Meji: Quando em ambos os lados (direito e esquerdo) eles rolam em cada parte, com as quatro metades no lado côncavo.

Ogundá Meji: Os setores direito e esquerdo com três linhas, cada uma com o lado convexo, mas a última com o lado côncavo.

Ossá Meji: Inversa à linha anterior.

Irosun Meji: Os setores direito e esquerdo com duas linhas em uma fila do lado convexo, e as duas últimas linhas com o lado côncavo.

Owonrin Meji: Inversa à linha anterior.

Oxé Meji: A primeira e a terceira filas nos setores direito e esquerdo com os lados convexos, a segunda e a quarta filas com o lado côncavo.

Ofun Meji: Inversa à linha anterior.

Iwori Meji: Quando em ambos os lados, o esquerdo e o direito, eles rolam uma vez com as metades do lado côncavo, depois duas vezes com o lado convexo, e por fim uma vez com o lado côncavo.

Odi Meji: Inversa à linha anterior.

Ejiogbe Meji: Quando em ambos os lados, o esquerdo e o direito, eles rolam com as quatro metades do lado convexo.

Iká Meji: A primeira linha no setor direito e esquerdo tem o lado côncavo, a segunda linha tem o lado convexo e as duas últimas têm os lados côncavos.

Oturupon Meji: Inversa à linha anterior.

Oturá Meji: A primeira, terceira e quarta linhas nos setores direito e esquerdo têm o lado convexo. A segunda linha tem o lado côncavo.

Ireté Meji: Inversa à linha anterior.

Invocação Antes de Começar a Marcação
Agô Ifá: Permissão Ifá.
Agô Ilê Awó Yin Emu: Licença terrena do adivinho, Permissão do Oráculo, fale comigo.
Ifá She Eti Uyi Ogbon Emi: Ifá, ouça-me com valor e sabedoria.
She Ade Obá La Emi: Dê-me a coroa do Rei.
Ifá L'Annu: Você é misericordioso.
Awó She Oro Mi: Divino professor, dê-me prosperidade.
Fun Mi Ni Iré: Traga-me boa fortuna.
Awó La Yana Wa Dahunnmi: Excelso Adivinho, por favor, me responda.
Odukué Olá Ifá: Obrigado, Ifá.

Etapas Seguidas pelo Vidente

Após jogar com o Opelé, o Ilé destinado a tais propósitos começa a *moyubar* saudando o topo, depois colocando-o no terceiro lugar à direita, em seguida à esquerda. Depois, ele invoca Exu como intermediário entre o mundo real e o espiritual. Então, invoca Ifá e pede sua intercessão para atravessar o *Oritá Metá* (a linha invisível que separa as duas esferas). Depois, ele invoca o *Orun* (O Outro Mundo) para que o eterno se faça presente, dizendo:

Olodumaré Nzame
Babá Nkwa Olofi
Olodumaré Dara Dun
Olodumaré Dara Mada
Dara Ogbon
Olorun, Eleda
Odumaré, Eleemi
Oro Oro Oro
Orumilá
Agô

Assim, sua mente transcende os limites do eterno ao mencionar o nome de Deus, o Pai e o Criador, cujo esplendor e magnificência é impossível imaginar, tentando extrair Dele a luz do conhecimento para estabelecer a conexão com Orumilá. Em seguida, o vidente finaliza dizendo "Agô" (pedindo permissão ou licença) para adentrar o mundo da profecia.

Após encerrar a prece anterior, ele dá continuidade a outras e imediatamente invoca os ancestrais, os grandes adivinhos que conheceu, e finaliza com o nome daqueles que o treinaram como sacerdote, incluindo o nome de seus padrinhos.

A Palavra e a Mensagem de Orumilá

As máximas de Orumilá chegam através do uso da corrente pelo vidente, a qual recebe o nome já mencionado (Opelé de Ifá). As máximas podem ter oito partes de nozes-de-cola ou se unir por uma corrente de elos de metal. Da mesma forma, muitas vezes colares ou rosários também ligam as nozes por meio de várias faixas trançadas de palha africana (material muito semelhante à ráfia, de grande consistência e durabilidade).

Os dois pontos do Opelé representam as etapas da vida humana (ciclos nunca interrompidos) com base na crença da eternidade ou da imortalidade da alma. Uma das extremidades simboliza o princípio masculino da criação (ou sua parte ativa) e a outra, o feminino, que termina com várias faixas ou fios do mesmo material. Quando elas rolam em consulta com o Opelé, devem cair em formato de U (a parte aberta fica de frente para o sacerdote), a parte masculina do lado direito, e a feminina do lado esquerdo.

Em regiões diferentes da África, onde a cultura Iorubá transcendeu suas próprias terras, existe uma variação desse rosário chamada Abigbá. Nele, respeitando-se a configuração do número dezesseis, usam-se quatro nozes em cada um dos quatro elos que compreendem esse sistema. Aqui, leva-se em conta uma representação considerada mais sideral e usada em referência aos quatro pontos cardeais e às quatro estações que representam a vida no planeta. Antes de dar início à adivinhação, cumprimentam-se os ancestrais e os pontos cardeais: Norte, Sul, Oeste e Leste, nessa ordem.

É preciso ter em mente que cada uma das direções é habitada e ocupada por uma força específica. Ao invocá-la a partir do centro, o vidente, representado no Abigbá pela fusão das correntes, trará conhecimento relacionado a cada coisa viva que habita essas zonas, não importa a distância que possa haver entre elas. Simbolicamente, há representações dos quatro elementos da natureza: terra, água, ar e fogo. Esses elementos são essenciais para o vidente estar em harmonia com a vida e, assim, ser capaz de cumprir sua missão.

A repetição do número quatro e suas combinações no sistema divinatório e de consulta talvez se baseie na crença Iorubá dos quatro principais dias da semana. O primeiro dia, o *Ojó Awó* (dia do vidente), é dedicado a Orumilá ou regido por ele, o *Ojó Ogun* é regido por Ogun, o *Ojó Acutá* (o dia do detentor das pedras) é governado por Xangô e, por último, o *Ojó Obatalá* é dedicado ao Orixá de mesmo nome, também conhecido como Oxalá ou Orixalá.

A relação também é vista em algumas nações ou linhagens de culto na Santería que atribuem uma energia ou força governante a cada ponto cardeal: o Norte para Ogun, o Sul para Orixalá, o Oeste para Xangô e o Leste para Exu, o mensageiro de Ifá.

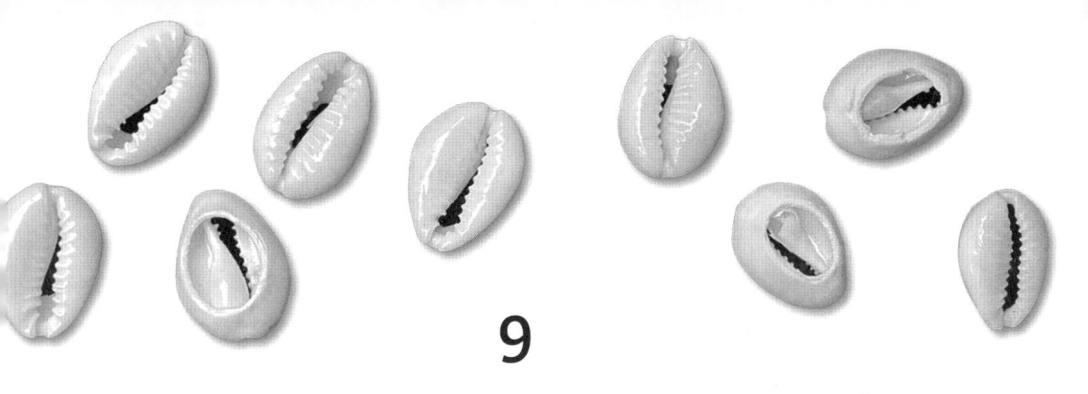

9
Outras Ferramentas e Métodos de Adivinhação Africana

A História das Oito Plantas Mais Poderosas

No início da vida no planeta, Olodumaré (o criador de todas as coisas) estabeleceu a supremacia de oito plantas muito poderosas no reino vegetal. A função dessas plantas era agir em conjunto e em sincronia para auxiliar o desenvolvimento da evolução. Apesar dessa premissa, percebendo-se mais influentes e mais fortes que outras, elas começaram a sentir ciúmes, inveja e vaidade umas das outras. Na tentativa de superar o próprio poder, elas se esqueceram de sua dependência mútua que era necessária para sobreviver, já que fora esse, e nenhum outro, o objetivo de seus poderes estabelecidos.

Entre as oito plantas havia quatro que eram mais antigas e mais avançadas. Elas definiam os planos da vida e, atuando sistematicamente com as outras quatro irmãs, jogavam um jogo livre de compensação sem equívocos. De maneira equilibrada, o jogo colocava em ação todas as etapas necessárias e indispensáveis na infinita roda dos ciclos indefectíveis da vida.

Estas quatro eram as mais importantes:
Iré: o bem
Iku: morte ou transmutação da vida em planos diferentes
Anó: a doença
Eyó: a disputa trágica

Em ordem de importância, às quatro primeiras se seguiam as quatro menores:
Ofó: as perdas repentinas
Oná: as quedas fortes, metaforicamente, diretamente na epiderme, na pele, sofrimento animal, dificuldades materiais ou espirituais
Acobá: o repentino e o inesperado
Fitibó: as notícias, novidades, e, no lado mais negativo, notícias de uma morte repentina

Mesmo entre as duas plantas em posições superiores, as quais, devido à própria condição, se distanciavam hierarquicamente das próximas duas do primeiro grupo, havia um ciúme muito forte. Apesar de ocuparem uma boa posição, e sem a necessidade de provar sua superioridade entre si, a rivalidade também começava a dar as caras.

Quando algo precisava morrer (mudar para outro estado de vibração e vida), Iré não respeitava a decisão de Iku e intercedia, tentando mostrar que podia mudar seus planos e dificultando muitas vezes que Anó recuperasse e fortalecesse quem estivesse fraco e/ou doente. Em várias ocasiões as situações se revertiam.

O resultado era sempre o mesmo: caos e desordem total. Isso conferia atraso às etapas que, sem a mediação do karma individual de cada ser e das coisas, precisavam ser efetuadas como um equilíbrio balanceado na roda da vida.

Para corrigir o comportamento equivocado, Olofi, o regente da terra, mandou a cada uma das plantas principais que fizessem um ebó para reestabelecer a ordem entre si e as prioridades na escala dos comandos necessários para o ciclo infinito evolutivo girar sem desvios ou atalhos.

Ele disse às quatro primeiras plantas que tudo na vida tinha uma ordem de prioridades e um local nessa ordem. Era preciso respeitar essa ordem para atingir níveis harmônicos, e essa paz só seria possível respeitando essas etapas.

Em seguida, ele orientou as outras quatro plantas que, assim como no início, elas deveriam obedecer às suas antecessoras. Considerando que tudo de bom lhe pertencia, Iré decidiu não fazer sua parte no ebó. Esse é o motivo por que, dali em diante, se considera que as coisas boas não duram para sempre ou, no mínimo, que elas não são permanentes.

Eyó foi o primeiro a cumprir as ordens de Olofi, e como prêmio ele preservou seu lugar. Ikú também as cumpriu, e como recompensa conseguiu que, em algum momento na vida do planeta, ele sempre tivesse um papel importante e presença. Nada seria eterno ou bom para sempre por causa da ausência de Iré, que nem sempre estaria presente e poderia ser descartada.

Contudo, mais cedo ou mais tarde, Ikú estaria presente, sem fazer nenhuma distinção. Anó poderia aparecer, de repente trabalhando com Fitibó, para obter permissão de suas antecessoras. A partir de então, as quatro menores destacaram as ações das primeiras e foram usadas para resolver ou tentar consertar os problemas das criaturas.

Os Caminhos Diferentes

Reconsiderar essa história das oito plantas mais poderosas e a necessidade de haver uma ordem absoluta de respeito e sincronismo perfeito nos dá a ideia das possibilidades de termos em um signo representado por Iré ou os Osogbos, e é necessário saber os motivos por que elas aparecem.

É muito importante conhecer a Iré. Dessa forma, mesmo o significado de um signo negativo pode variar quando uma Iré ou Moyaré perfeita é obtida. Por outro lado, quando todas ou algumas das questões são negativas, o bem que ela traz é imperfeito (uma Iré Coto-Yaré), algo benéfico, mas incompleto.

Lista de Irés

Iré Ari-Ikú: o bem provém dos espíritos dos mortos.
Iré Otonogwá: o bem provém dos céus e de toda a sua corte.
Iré Elese-Orixá: o bem provém especificamente de um certo Orixá ou de um deles relacionado à sua capacidade espiritual.
Iré Iya-Agbá: o bem provém de uma avó.
Iré Baba-Agbá: o bem provém de um avô.
Iré Elese Ori-Inu: o bem provém de sua própria consciência.
Iré Emi: o bem se deve ao seu espírito.
Iré Elese Eleda: o bem provém de seu Anjo Guardião.
Iré Omo: o bem provém de um filho.
Iré Oko: o bem provém de um marido.
Iré Okuni: o bem provém de um homem.
Iré Aye: o bem provém das coisas deste mundo.
Iré Orun: o bem provém do outro mundo.
Iré Ara-Orun: o bem provém do lado dos ancestrais.

Iré Elese Egun: o bem provém de um espírito de uma pessoa morta que conhecia você.
Iré Babá: o bem provém de um pai.
Iré Ogbini: o bem provém de uma mulher.
Iré Iyá: o bem provém de uma mãe.
Iré Iyawo: o bem provém de uma esposa.
Iré Ologberi: o bem vem até você por meio de desconhecidos ou de outros lugares, de estrangeiros ou forasteiros.
Iré Owó: o bem vem através do dinheiro.
Iré Aya: o bem provém da esposa.
Iré Babá-Oko: o bem provém do sogro.
Iré Iyako: o bem provém da sogra.
Iré Egbon: o bem provém do irmão ou da irmã mais velhos da família.

Lista dos Osogbos

A ordem definida é a mencionada na história que fala sobre a origem de Iré e dos Osogbos: Ikú, Anó, Eyó, Ofó, Oná, Acobá e Fitibó.

O Santero tentará garantir que esses Osogbos não estejam presentes nem na leitura nem na vida do consulente. Para isso, e após *moyubar* (fazer as saudações), ele dirá o seguinte:

— *Kosi Ikú:* que não haja morte.

Muitas vezes, considera-se necessário especificar e esclarecer aonde a morte poderia vir ou suas possíveis causas, como forma protetiva de não deixar nenhum caminho aberto para Ikú e, dessa maneira, remover magicamente todas as possibilidades através do poder da fala e da oração. Então, diz-se:

— *Kosi Ikú Ainá:* que não haja morte por fogo.
— *Kosi Ikú Loghí:* que não haja morte por túmulo.

— *Kosi Ikú Ara Ayé:* que não haja morte por maldições.
— *Kosi Ikú Akuse:* que não haja morte por pobreza.
— *Kosi Ikú Ika:* que não haja morte por feitiços.
— *Kosi Ikú Lja:* que não haja morte por brigas.
Em seguida, diz-se:
— *Kosi Anó:* que não haja doenças.
— *Kosi Eyó:* que não haja disputas ou tragédias.
— *Kosi Ofó:* que não haja perda de entes queridos.
— *Kosi Oná:* que não haja obstáculos, problemas espirituais ou problemas com anjos guardiães, ou infortúnios na vida material (já que o significado desses obstáculos, nesse caso, é bem marcante).
— *Kosi Acobá:* que não haja nenhum mal que não possa ser evitado ou que não possa calcular o inesperado.

No fim, diz-se:
— *Aikú Babagwa:* que o bom e o eterno venham.

A leitura começa com o registro de dois signos, mesmo que o primeiro a aparecer pertença a um Odu maior. O ibó é feito conforme a descrição anterior. Em seguida, solicita-se a mão, perguntando se ela traz Iré ou Osogbo.

A primeira coisa a saber se trouxer Iré é verificar se o caminho é bom (Ebboda) ou se há bem para o consulente. Após as duas primeiras jogadas, e antes de especificar o terceiro, o Santero coloca o ibó. Se um Odu maior sair, o Santero pede a mão esquerda. Se o efun é encontrado nessa mão, a resposta é Iré. Ela constitui um Iré Ari-Ikú. Em seguida, perguntas são feitas e respostas, anotadas.

As perguntas e as anotações correspondem à ordem já preestabelecida de sua lista regulada de acordo com a ordem das prioridades que você considera conveniente. Você continuará perguntando mais uma vez, conforme a lista de Iré, e se as respostas forem positivas você estará na presença de uma Iré perfeita sem nenhum problema.

Daí em diante você terá apenas que definir quem ou o que está causando sua sorte, ou quem ou o que está beneficiando você. Porém, se no jogo de perguntas alguns ou todos os resultados forem negativos, o Iré será imperfeito e a boa fortuna, incompleta. Nesses casos, o Santero é responsável por remediar a situação até obter um Iré completo.

Se o signo tem conteúdo negativo e não responde a nenhum dos Osogbos ao mostrar o ibó, será preciso definir se a negatividade provém dos Orixás. Isso pode se dever a algum mau comportamento do cliente, ao não cumprimento de uma promessa, uma falta religiosa ou, simplesmentes, porque os Santos viram as costas para o consulente como compensação cármica.

Se não há correlação alguma entre as perguntas e as respostas, será questionado se a negatividade provém de algum espírito desencarnado. O sacerdote diz, "*Lariche?*", perguntando ao Santo se ele deseja falar alguma coisa, comunicar algo ou se expressar.

Se nesses casos há recusa da parte do Orixá, pergunta-se: "*Ki Lase?*", referindo-se ao que deve ser feito a seguir ou o que ele quer que façamos.

Para esclarecer o significado do signo, o Santero pode perguntar: "*Addimú?*", se o Orixá quer receber uma pequena oferenda, ou "*Ebó Churé?*", quando a oferenda é de maior calibre em termos de qualidade ou quantidade. Ou, se ela é simples, mas feita imediatamente e no mesmo dia, "*Ebó Keún?*", que é uma sucessão de dias – pode ser feita hoje ou amanhã, uma porção pequena das oferendas ou um pedaço pequeno do que será destinado ou oferecido.

Se nenhuma dessas perguntas for satisfatória, a pessoa terá que fazer ebó. Os ebós variam de acordo com o Odu, o Santo que fala dentro dele, e os hábitos de trabalho do Santero. Há um sem-número de ebós para cada caso em particular.

Orungá: O Primeiro Vidente

Diz a lenda que o primeiro Babalaô, ou vidente, chamava-se Orungá, que recebera todos os segredos de Bará Eleguá, um Orixá também conhecido pelos nomes de Elebá, Elegbará ou simplesmente Bará.

Bará, que nutria enorme simpatia pelos Oráculos, fora ao Ifá para lhe pedir todos os erós (grandes segredos), argumentando que tinha de estar alerta ao vigiar as entradas das cidades e vilarejos. Ele precisava conhecer o futuro da humanidade a fim de conseguir antecipar eventos, evitando qualquer inconveniência.

Ifá pareceu satisfeito com as pretensões de Elegbará e as achou justificáveis. Porém, como condição, ele lhe pediu que trouxesse dez nozes-de-cola. Elegbará fez uma busca em todas as estradas até se dar conta de que o único lugar onde havia uma árvore com esses frutos (*obi*) era a casa de seu amigo, Orungá.

Elegbará estava decidido a atingir seus objetivos e foi à casa do amigo para pedir alguns obi, e Orungá concordou sem problemas, mas com uma condição: depois que Bará Eleguá aprendesse todos os mistérios e segredos, teria de contá-los a ele.

E foi assim que Orungá adentrou os mistérios proféticos. Ele adorava essa tarefa, e gostava de desempenhá-la sempre acompanhado da esposa, Orishábi, que cuidava das ferramentas divinatórias e as carregava aos lugares onde o marido usava suas habilidades de vidente.

A fama de Orungá se espalhou por toda a África e se tornou conhecida por todos os povos e reinos. Devido a seu prestígio, na Nigéria os Babalaôs sempre estavam acompanhados pelas esposas, que eram chamadas de *Apetebi*, e, em caso de morte ou doença, elas eram substituídas pelas mães dos Awós.

Uso do Obi na Adivinhação

A adivinhação que faz uso de nozes-de-cola geralmente é feita em um prato branco, de preferência de terracota ou cerâmica, de acordo com o Orixá regente do sacerdote que faz o procedimento. Frequentemente esses pratos possuem uma borda colorida que varia de acordo com a nação, a linha exclusiva de culto dentro do Africanismo, e o Reitor Sagrado ou anjo da guarda do consulente. Outras vezes, as quatro partes das nozes-de-cola são lançadas em um tecido branco que alguns sacerdotes bordam com renda, como uma oferenda a seu Orixá. No caso dos tecidos decorados, em geral também haverá o nome do portador ou dos guias bordado em um dos lados com fios muito finos e cores correspondentes.

Esse tipo de adivinhação é feito no Quarto Sagrado, onde o obi é cortado em quatro partes. Por ser um fruto sagrado, pede-se Agó (permissão) dos Orixás. A parte interna se relaciona à área aberta do obi, e a externa, à área fechada. Sabe-se e interpreta-se como aberta, quando a parte interna cai para cima, e como fechada, quando a parte que cai para cima é a externa.

> **Combinações Possíveis**

Alafiá: Se as quatro partes caem abertas ou com a parte interna para cima, a resposta do Orixá é um sonoro sim.

Oyeku ou Oyako: Se as quatro peças caem com a parte externa para cima, a resposta é negativa, desaprovando a pergunta. Infortúnio.

Okanran ou Okaran: Se três peças caem fechadas e uma aberta, ou três peças externas caem para cima e uma para baixo, sua resposta não é favorável.

Eji Alaketú: Se duas peças caem fechadas e duas abertas, ou duas peças externas caem para cima e duas internas também, sua resposta é positiva.

Etawá: Se uma peça cai com um lado fechado e três abertos, ou uma parte externa virada para cima e três para baixo, sua resposta é um sim tímido. Você deve reformular a pergunta.

Se as peças do Obi caem uma em cima da outra, representam confusão e desordem. Elas estão percebendo a influência de Exu e não abrem caminho para a comunicação e as respostas dos Orixás. Você terá de começar do início, perguntando novamente, honrando o mensageiro, Exu, de antemão. Se a resposta não for positiva, você pode perguntar de novo, mas não mais que três vezes.

São reconhecidas no obi duas partes masculinas e duas femininas, o que nos dá a possibilidade de mais dez combinações na leitura. Estas são as dez linhas resultantes:

> **1. Uma parte masculina aberta: Idarau-Ijara**

Significado = salvação, vitória, triunfo, sucessos

> **2. Uma parte feminina aberta: Ajé**

Significado = abundância, prosperidade econômica, dinheiro, boas finanças

3. Uma parte masculina e uma feminina abertas: Ejiré
Significado = amizade, camaradagem, fraternidade, sociabilidade, união de forças

4. Duas partes masculinas abertas: Ako Oram
Significado = crime, brigas, dificuldades, confrontos, disputas, agressão

5. Duas partes femininas abertas: Yeié-Oran ou Tabi-Aylag-Bará
Significado = fraqueza, enfraquecimento, perda de força, perdas em geral

6. Duas partes masculinas e duas femininas abertas: Akita
Significado = sucesso após passar por adversidades e transtornos

7. Duas partes femininas e duas masculinas abertas: Obi-Itá
Significado = neutralidade na mensagem; repetir

8. Duas partes masculinas e duas femininas: Ofun-Tabi-Alafiá
Significado = está tudo bem, tudo se desenrola bem

9. Todas fechadas: Qddí-Idimó
Significado = obstáculos, inconveniências, atrasos, incômodos

10. Todas as partes caem por cima das outras
Significado = Considerado um formato desleixado e de mesmo significado que o anterior. O valor e o significado são reconhecidos e podem ser chamados pelo mesmo nome.

ORAÇÃO AO OBI

Agó Idara Obi
Ori Bori Olodé
Obi Unlá Babá
Ori Bori Olodé
Obi Erro Maferefum Nilé

Método com a Alubosa

Alubosa em Iorubá significa "cebola", e, quando usada no Africanismo, ela executa uma das técnicas divinatórias mais simples já conhecidas.

Para começar a consultar com esse médoto, o sacerdote se senta no chão, onde antes terá colocado um pedaço de pano, preferencialmente de algodão branco. Em um dos lados, o sacerdote coloca uma vela acesa e, no outro, um copo transparente de água.

Quando o sacerdote está pronto, ele(a) invoca a proteção e o consentimento de Oxóssi usando uma faca de aço nova (utilizada somente para a adivinhação) e afiada para cortar a cebola no meio com a maior perfeição possível, deixando as duas partes quase iguais. Quem responde a esse método são os *Caboclos*, e suas respostas são firmes e sem hesitação: sim, não ou talvez. Os Caboclos são espíritos bastante superiores, de uma luz espiritual pertencente aos nativos americanos. Eles são reconhecidos e se manifestam em alguns grupos de afro-brasileiros com esse nome.

Eles só usarão as três respostas acima. Se você tiver dúvidas sobre a interpretação, pergunte de novo usando uma nova cebola. Embora pareça quase rudimentar, esse sistema é bem rápido, direto e comum. As respostas positivas são muito concisas e, ao mesmo tempo, bastante precisas. As perguntas podem ser feitas em voz alta ou mentalmente. É importante ter um nível alto de concentração mental todas as vezes, sem ignorar o objetivo principal.

Se as duas metades da cebola caírem para cima, a resposta é sim. Se as duas metades ficarem para baixo, a resposta é não. Se uma metade cair para cima e outra para baixo, a resposta é talvez.

O Oráculo com as Quatro Peças do Coco

A Lenda do Oráculo de Biagué

O uso do coco como elemento divinatório é talvez um dos mais empregados na Santería por seus seguidores. A maioria das cerimônias é certificada por esse sistema. Ele também é conhecido como Oráculo de Biagué, que se considera ter sido um ótimo vidente, o primeiro a usar esse oráculo e ensiná-lo a seu filho, que mais tarde o tornou o mais popular entre os Iorubás.

Os antigos Santeros afirmam que um dia, no início da Criação, Olofi desceu à Terra para se certificar de que tudo estava bem e em harmonia, sem nada faltando, para que os três reinos – o mineral, o vegetal e o animal – pudessem coexistir em total concórdia e colaborar uns com os outros a fim de evoluírem espiritualmente.

Ao caminhar por lá, de repente, ele avistou uma árvore muito grande que parecia estar bem distante das outras. Seu formato incrível e a cor verde bastante viva chamaram sua atenção. Ao ver o tamanho dela, ele notou que, além de ter uma forma muito atraente, ela também era muito alta. Porém, ao examiná-la mais de perto, percebeu que faltava alguma coisa para que tamanha beleza ficasse quase perfeita. Os galhos não tinham nenhum fruto.

Muito intrigado, ele perguntou:

— *O que você está fazendo aí?*

A árvore respondeu:

— *Eu, senhor? Eu me movo e brinco com o vento quando ele brinca com meus galhos?*

— *E o que gostaria de fazer?*

— *Gostaria de ser como as outras de minha espécie. Todas dão algum tipo de fruto, e eu... nada.*

— *Vejamos o que posso fazer a respeito. Sei que cada um de meus filhos tem um fruto especial que lhes pertence, assim como uma planta, uma flor... mas nem todas as árvores contêm frutos e é por isso que vocês são mais unidas, guardando segredos profundos e Axé. Então, colocarei esse fruto em você! Você é tão alta que, se quiser, pode tocar o céu. Você é tão verde que representa vida e esperança, e tão humilde que aguardou em silêncio a chegada deste dia. Sim, farei isso, e a seu fruto chamarei Obi Gui Gui. E será Obatalá, bem branco, assim como o interior de seu fruto, que informará esse feito aos outros Orixás.*

Aos primeiros raios de sol, de manhã bem cedo, Obatalá presidiu uma reunião e contou aos outros:

— *Aqui, à frente de vocês, está o fruto que falará por todos nós. Seu nome é Obi Gui Gui, fruto da palmeira e criação direta de Olofi. Ela, a mando Dele, responderá todas as perguntas e revelará todos os segredos das mãos puras que o separam em quatro partes e lançam seus pedaços em busca de nossa mensagem.*

Logo depois, todos começaram a aprender a ler os cocos graças a Obatalá. Diz a história que levou muito tempo até um homem de mãos puras e inocência infantil chegar, que possuía autoridade e maturidade e sabia como engendrar em seu ser a força inata dos videntes. Seu nome era Biagué, e ele tinha um único filho chamado Adiatotó, que herdou do pai o respeito e o conhecimento do Oráculo.

Após a morte de Biagué, seus filhos adotivos se apropriaram de todas as coisas que, legalmente, pertenciam a Adiatotó, não lhe deixando nada além do verdadeiro legado de seu pai: a honestidade incorruptível e os símbolos de coco de sua virtude.

O tempo passou, mas não o desconforto causado pela traição dos que ele considerava meios-irmãos. Cheio de tristeza, ele nada podia fazer.

Depois de perder todos os pertences, o rei do vilarejo ordenou investigarem as terras que Adiatotó afirmou terem pertencido a seu pai. Sem encontrar nenhum documento comprobatório, ele mandou chamar o filho do vidente e disse:

— *Se é verdade que você é Adiatotó, e que é o filho legítimo de Awó Biagué, pode responder a todas as minhas perguntas através dos cocos. E tão certas quanto suas respostas será o fato de que você é o verdadeiro dono destas terras.*

Assim, o filho do vidente respondeu uma a uma todas as perguntas do rei durante vários dias, sem descanso. Quando o monarca confirmou que Adiatotó não estava mentindo, pois os cocos nunca mentem, após responder com precisão exata e fidedignidade a todas as perguntas, as terras foram transferidas a seu verdadeiro dono, que a partir de então nunca se esqueceu de praticar a adivinhação com cocos todos os dias.

Método de Adivinhação com Cocos

Para fazer a adivinhação, pegue um coco seco e em bom estado, e aplique os golpes necessários no fruto até ele se partir em quatro pedaços. Em seguida, separe-os e limpe-os com água pura.

Use uma ferramenta pesada para quebrá-lo, como um martelo, segurando o fruto com uma das mãos com bastante respeito e cuidado. Nunca joque ou quebre o coco no chão (a menos que o ritual exija), pois muitos dos praticantes mais velhos e mais ortodoxos consideram isso uma falha muito grave.

Se você não tiver muita experiência, comece o ritual fazendo perguntas apenas de Eleguá. Pouco a pouco, você ganhará experiência e conseguirá fazer perguntas aos outros Orixás. Antes de começar a interpretação, é necessário seguir alguns passos relacionados ao ritual e adotados por todos os sacerdotes. Se você não é sacerdote, converse com o Santo como está habituado, em sua própria língua e idioma que ele entenderá. Não se esqueça de que você está se aventurando em um sistema divinatório sagrado e, portanto, deve fazê-lo com máxima seriedade e respeito.

O Santero começa com invocações em linguagem Iorubá, dizendo:

— *Bogguo Iworo Iyalorishá Babalorihá Babalawo Oluo Olorí Awon ti a te ni Ifá Awo Ikú Embelesse Ibaé Baié Tonu Bogguo Iworo Awoses.*

Essa oração é um tributo, dedicada aos Santeros e Babalaôs que faleceram a fim de poderem descansar em paz. Em seguida, eles nomeiam todos aqueles que foram muito importantes quando ocuparam as posições de Santeros e Babalaôs no campo da adivinhação.

Eles dizem o seguinte:

— *Awoses Fun Mi Ni Ifá.*

Isso significa "Traga-me Sabedoria". Em seguida, dizem:

— *Kosi Ikú Kosi Ikú Loghí Kosi Ofó Kosi Ano Atotó Aikú Babagwa.*

Significado: "Que não haja morte, que não haja morte nem

túmulo, que não haja perda de entes queridos, que não haja doença. Afaste-as e permita que venham as coisas boas e eternas.".

Em seguida, saúdam-se os padrinhos:

— *Kinkamashé Iya re mi, Kinkamashé Oyurbona mi Agó.*

Dessa forma, a pessoa e a posição que ele representa são cumprimentadas, pedindo-se simbolicamente permissão para continuar. Mais tarde, borrifa-se água três vezes em frente ao Orixá que será consultado (no exemplo, Eleguá) e eles recitam:

— *Omí Tutu Ana Tutu Omí Tutu Awo Ilé Elegguá.*

Com as mãos, o Santero continua a arrancar pedaços da polpa branca de cada uma das quatro partes do coco destinado à adivinhação, e o tempo depende da quantidade, do número correspondente ao Orixá invocado e da ordem dos diferentes Odus.

Os pedaços pequenos do coco são colocados no local de iluminação e definição do Santo, às vezes tornando o sincretismo significativo, nas imagens cruzadas que seguiram o mesmo tratamento oferecido aos colares ou guias, por exemplo.

Nesses momentos, você pode dizer:

— *Si Elegguá Éyi Obí Jówo Wá Fun Mi Ni Iré.*

Significado: "este coco é para Eleguá. Por favor, venha e me dê boa fortuna.". Em seguida, com o punho da mão direita fechado (forma de saudar e chamar por Eleguá), golpeia-se três vezes o chão. Finalmente, os pedaços de coco são tomados em ambas as mãos e trazidos à altura do peito, dizendo-se:

— *Obí Si Elegguá.*

Em seguida, os quatro pedaços do fruto são lançados. Antes de caírem, você diz:

— *Axé.*

A última fala é para atrair a ideia de força e poder, desejando que ela aconteça.

Interpretação das Cinco Linhas do Coco

Alafiá

Quando as quatro partes estão voltadas para cima (a parte branca para cima), a resposta é sim. Para confirmar o resultado, é necessário refazer a pergunta. Se Alafiá responder sim de novo, está confirmado. Se da segunda vez a resposta for Okana Sode ou Oyeku, a resposta é totalmente negativa ou ruim. Mas, se as respostas forem Ejife ou Etawá, são positivas ou boas.

Oyeku ou Oyekun

Quando os quatro pedaços do coco caem com a parte escura para baixo, a resposta é não. Isso também carrega um sentido altamente desastroso. A posição fala de morte. Aqui, o sacerdote precisa perguntar se o Oráculo está falando *com* ele ou *através* dele para os consulentes.

Nesse caso, os Orixás falam com firmeza, e não é preciso mais esclarecimento. O sacerdote precisa substituir os pedaços de coco antes de fazer outras perguntas, como se quisesse purificá-los da influência da resposta. Quem estiver fazendo o registro com o coco deve tocar o chão com o dedo indicador e o meio da mão direita, trazê-los aos lábios e beijá-los. Em seguida, tocando a testa entre as sobrancelhas e, por último, a parte traseira superior da cabeça, pedir *Maleme* (misericórdia) aos Orixás e a seu Santo com a cabeça. Depois, dizer:

— *Obí Iré* — *eó* (Peço que o que vier seja bom).

Em seguida, o sacerdote continua dizendo, enquanto volta a tocar o chão:

— *Moffin Karé, Moffin Karé Godó, Dafa Moffin Karé Godó Baé.*

— *Alafia Kisí Ekó, Alafia Beké Lorié Ennacan Orí mi Aferé Assaka Beké Owuaní.*
— *Moyugba Abé Ebbámi Omá Tun Omá Esabami Miche Fun Ni Orno Ni Mi.*

Em um ato de intenso descolamento, ele elevará o pensamento para que o bem se condense numa resposta sã e clara, a fim de que sua cabeça (centro energético que concentra o espiritual e se conecta com o Cosmos) fique livre de possíveis perturbações e receba a proteção da Divindade.

Neste exemplo, e antes de continuar a interpretação, é necessário saber se é um egun que está respondendo e quer alertar sobre a morte de alguém. Mesmo se não for o caso, é preciso tomar um banho de abó, um líquido sagrado feito de ervas maceradas e outros componentes secretos, acender uma vela para os eguns e fazer ebó imediatamente.

Ejife

A queda dos pedaços de coco nessa linha consiste de dois pedaços com a parte escura para cima e as outras duas com a parte branca para cima (ou dois e dois). A resposta é uma das mais seguras e categóricas, e traz um sonoro sim sem precisar reiterar a pergunta.

Etawá

Essa linha ocorre quando três pedaços de coco caem com a parte branca para cima e a quarta com a parte escura para cima. Sua resposta é sim, mas, para garantir, você precisa certificá-la com algum tipo de ebó. O consulente precisa repetir a pergunta verificando que tudo correu bem para corroborar as respostas.

Okana Sode

Essa linha contém três pedaços de coco com as partes escuras para cima e uma com a parte branca para cima. Sua resposta é não. Aconselha-se rever o procedimento, porque existe a possibilidade de ter cometido um erro. Fala-se de uma influência negativa ou perniciosa para o consulente.

Posfácio

Mandamento de Oran-Niyán

Homens negros e brancos, juntos e ligados.
Conhecimento e ação, sabedoria e técnica.
Inspiração e intuição.
O nascer e o pôr do sol em busca do sol e da lua.
Com o mesmo e único Deus.
Com a mesma origem e o mesmo propósito.

Em um momento cósmico e mágico no início da centelha criativa na Terra, Oduduá (pele clara) e Ogun (pele escura) amavam a mesma mulher.

Pai e filho amavam, sem esperanças, a mesma essência feminina.

As armas e a espada de Ogun a possuíram de forma ilegítima, prenderam e sequestraram seus pensamentos e a capturaram sentimentalmente, enquanto o poder de Oduduá a subjugou até quase hipnotizá-la por inteiro.

Um contém o outro (a terra contém ferro), mas tanto pai quanto filho desejam o mesmo, em sentido carnal.

Desse triângulo amoroso nasceu Oran-Niyán, meio escuro e meio claro, e se tornou um dos sete príncipes mais importantes que existiram na gênese do mundo.

Na mitologia, Oran-Niyán é conhecido como o fundador da dinastia Oyó, que superava em termos políticos e militares os outros reinos.

Por herança dos dois pais, ele detem a espada, a terra e o mandamento de Olofi para separar as águas e criar o solo seguro que delas emergiu.

Em seguida, as águas se separaram do ar (considerado o começo da vida, que representava o sopro da criação, simbolizando o céu em seu ápice) até serem criadas as camadas terrestres como princípio da vida dos seres encarnados no mundo.

Eles foram os primeiros sete príncipes que, com atributos divinos e características especiais, possuíram enormes riquezas, e cada um deles vicejou como um princípio ativo da vida.

De acordo com a bíblia, em sentido figurado, eles poderiam se relacionar aos sete dias da criação, em que o Criador descansou no sétimo dia.

O sétimo príncipe era Oran-Niyán, que, por ordens supraterrestres, seria configurado como indispensável e representaria a sétima etapa, em que a estabilidade e o equilíbrio já estavam em operação e a paz do merecido descanso estava estabelecida.

O mundo se originou de duas entidades (seus pais), mas foi preciso uma terceira parte que, representada simbolicamente por uma galinha, colocaria um ovo como símbolo da vida.

Essa ave esmagaria a terra e, com o bico, a espalharia sobre as águas, e Oran-Niyán, como Obatalá com o saco mágico recebido de Olofi, removeria a terra do saco e a espalharia por entre os mares.

Esse culto se perdeu, mas muitas pessoas acreditam que, pela origem da teoria ser mais divina do que privilegiada, talvez se trate de uma passagem de Obatalá (Oxalá ou Oxalaguian) brandindo uma espada de prata com ligas de ferro descendendo de Oxalufan (o maior ancestral).

Essa lenda perdeu seu poder atual porque acredita-se que Obatalá tenha a função de espalhar terras de seu saco mágico para criar as primeiras ilhas e continentes. Entretanto, eu quis resgatar essa antiga lenda africana para enfatizar a união que nunca deve deixar de existir entre pessoas brancas e negras ou entre quaisquer outros grupos étnicos, e, como prova e desejo dos Orixás, para que ambos os povos (e os de outras etnias) se unam em prol da evolução do ser humano.

Apêndice: Fontes dos Odus

Nomes Diferentes para os Odus

Segue uma lista de nomes dos Odus de acordo com Casas de Santos diferentes. Pode ser importante conhecer todas as versões dos nomes dos Odus. A lista está organizada por ordem numérica, de acordo com o número das conchas abertas.

1	Okaran	Okana	Ocana
2	Eji-Okô	Eyioko	Ejioko
3	Etá-Ogundá	Oggundá	Ogundá
4	Orosun	Irosun	Yroso
5	Oxé	Oché	Osé
6	Obará	Oddí Obba	Obara
7	Odí	Oddí	Odi
8	Eji-Onile	Eyéunle	Ejéunle
9	Ossá	Osá	Osá
10	Ofu	Ofun-Mafun	Offun
11	Owarin	Owonrin-Chobé	Owonrin
12	Ejilaxebará	Eyila-Cheborá	Eyinlá
13	Ejiologbon	Metanlá	Metanlá
14	Iká	Merinlá	Merinlá
15	Ori-Baba-Baja	Ogbè-Ògúndá	Ogbè-Ògúndá
16	Alafiá	Merindilogun	Medilogun

Lista de Nomes em Dilogun e Ifá

Segue uma lista dos nomes dos Odus em Dilogun e Ifá, respectivamente. Eles estão listados numericamente, de acordo com a quantidade de conchas abertas.

#	Dilogun	Ifá
1	Eji-Okô	Okana Meji
2	Ogundá	Oyekun Meji
3	Irosun	Ogundá Meji
4	Oxé	Irosun Meji
5	Obará	Oché Meji
6	Odi	Obara Meji
7	Eji-Onile	Odi Meji
8	Ossá	Eyiogbe Meji
9	Ofun	Osá Meji
10	Owonrin	Ofun Meji
11	Ejilaxebará	Owonrin Meji
12	Ejilogbon	Otrupo Meji
13	Metanlá	Irete Meji
14	Merinlá	Iká Meji
15	Ogbè-Ògúndá	Iwori Meji
16	Merindilogun	Otura Meji

Meji dos Odus

Os dezesseis Odus são compostos de dezesseis signos chamados Meji, sob a conceitualização do duplo, do número dois. Eles são conhecidos como Odus de Ifá, e são representados assim:

Okana Meji	Oyekún Meji	Ogundá Meji	Iroso Meji
‖ ‖	‖ ‖	‖ ‖	‖ ‖
‖ ‖	‖ ‖	‖ ‖	‖ ‖
‖ ‖	‖ ‖	‖ ‖	‖ ‖
‖ ‖	‖ ‖	‖ ‖	‖ ‖

Oché Meji	Obara Meji	Odí Meji	Eyiogbe Meji
‖ ‖	‖ ‖	‖ ‖	‖ ‖
‖ ‖	‖ ‖	‖ ‖	‖ ‖
‖ ‖	‖ ‖	‖ ‖	‖ ‖
‖ ‖	‖ ‖	‖ ‖	‖ ‖

Osá Meji	Ofún Meji	Ojuani Meji	Otrupo Meji
‖ ‖	‖ ‖	‖ ‖	‖ ‖
‖ ‖	‖ ‖	‖ ‖	‖ ‖
‖ ‖	‖ ‖	‖ ‖	‖ ‖
‖ ‖	‖ ‖	‖ ‖	‖ ‖

Irete Meji	Iká Meji	Iwori Meji	Otura Meji
‖ ‖	‖ ‖	‖ ‖	‖ ‖
‖ ‖	‖ ‖	‖ ‖	‖ ‖
‖ ‖	‖ ‖	‖ ‖	‖ ‖
‖ ‖	‖ ‖	‖ ‖	‖ ‖

As Mensagens dos Odus

1. Okana
"A gênese teve início através da Unidade, a força motriz do uno, e foi assim que o Mundo começou. Daí em diante, se o bem não existe, o mal também não."

2. Ejioko
"Rivalidade entre irmãos: uma flecha entre eles."

3. Ogundá
"Brigas, disputas e discussões: elas confundem e trazem tragédias."

4. Irosun
"Não se sabe o que existe no fundo do mar."

5. Oché
"Sangue é vida; ambos correm pelas veias e artérias. Sangue e vida são uma coisa só. Para essa função acontecer, seu coração bate, e o fluxo ininterrupto da vida não termina."

6. Obará
"Um verdadeiro monarca não governa com mentiras."

7. Odi
"No início havia um grande vazio. Em seguida, o lugar onde estava o vazio se encheu de água."

8. Ejéunle
"A cabeça comanda o corpo, o povo só tem um monarca e o corpo só tem uma cabeça."

9. Osá
"Seu melhor amigo também é seu pior inimigo."

10. Ofun
"De onde vem a maldição."

11. Owonrin
"Transportar água em um cesto de palha não é muito lucrativo."

12. Eyila Cheborá
"Acorde, senão perderá a guerra. A coragem será sua aliada!"
"Seja organizado, e não incansável ou desregrado, senão, apesar de tudo, eles conseguirão derrotá-lo."

13. Ejiologbon
"A debilidade provém da doença do sangue".

14. Merinlá
"Seja justo e comedido, sem fazer nem mais nem menos, mas seja equitativo e imparcial."

15. Ogbè-Ògúndá
"Você pode usar o caminho para prosseguir ou parar. No caminho, pode seguir ou ser seguido. Pode andar ou parar, no entanto, ele sempre será um caminho."

16. Merindilogun

"Um sábio é aquele que sabe ouvir, e um bom comandante sabe respeitar as solicitações e as necessidades de seu povo. O sábio rege a cabeça de todos e não ignora a voz ancestral do oráculo."

Glossário

Abó: Líquido de caráter sagrado feito de ervas maceradas e componentes secretos destinados à cura espiritual, banhos purificadores e guias de cruzamento contra kiumbas (espíritos das trevas). O líquido é usado para lavar todas as coisas existentes dentro de um quarto Sagrado (antes de adentrar o local), a fim de remover qualquer vibração negativa que poderia vir do mundo externo.

Adjá: Instrumento musical semelhante a sinos de metal, em formato de cones alongados que terminam em um único cabo. É usado na maioria dos rituais. A cor e o metal podem variar de acordo com o Orixá interpretado. Por exemplo, tons de ouro ou de bronze para Oxum e de cobre para Iansã ou Oyá.

Agá: Dois cones de metal alongados, um mais comprido que o outro, semelhante a dois sinos unidos por um cabo em formato de U. Ele é golpeado por uma haste de metal para produzir um som de alta frequência vibratória, muito apropriada para propósitos religiosos-espirituais.

Alabê: Função geralmente exercida por um ogá encarregado de conduzir os percussionistas nos "toques para os Santos" (celebrações religiosas).

Alubosa: Cebola.

Anjo Guardião: Guia espiritual. Nome comum do Orixá que guia uma pessoa. Essa pessoa é o filho espiritual do Orixá. Também conhecido como Orixá de cabeça ou fronte.

Apetebi: Sacerdotisa que acompanha e atua com o Babalaô.

Ariaxé: Banhos de ervas feitos para os iniciados como parte muito importante de sua purificação espiritual.
Axé: Também conhecido como Aché ou Ashé. Implica força, graça ou poder.
Babá: Pai.
Babalaô: "Pai do segredo". Sacerdote preparado e especialista na arte divinatória. Sábio dedicado ao Tabuleiro de Ifá. Sacerdote consagrado a Ifá.
Babalorixá: Pai de Santo.
Babanlá: Avô, Pai Supremo ou Grande pai.
Barracão: Local onde são feitas as cerimônias públicas na Santería Afro-brasileira.
Bater cabeça: Expressão comumente usada para descrever o ato de deitar no chão e apoiar gentilmente a cabeça, em geral com a intenção de pedir licença ("Agô") a superiores religiosos e se prostrar com grande respeito aos pés dos mais velhos.
Beijar ou reverenciar a pedra: Ação similar à descrita acima, mas em frente dos Otás consagrados.
Búzios: Nome das conchas do molusco gastrópode proveniente das costas ocidentais africanas, no Brasil e em países onde exercem influência religiosa.
Karma: "Lei de causa e efeito". Lei universal que recompensa boas e más ações, baseada em outra lei de caráter universal chamada "Lei da reencarnação".
Cola: Noz-de-cola. Fruto usado na religião.
Cyprea Moneta: Nome científico dos búzios.
Dadá: Orixá pouco cultuado. Princípio feminino de energia que cuidava de parteiras, de mães e bebês durante a amamentação, protegendo-as de doenças e fortificando sua saúde. Um dos sincretismos religiosos conhecidos é Nossa Senhora do Rosário.

Deká: Cerimônia e ato religioso pelo qual o ofício do Babalorixá ou Iyalorixá é recebido na presença de outros altos sacerdotes que confirmam e verificam publicamente sua validade.
Dilogun: Abreviação do termo "Merindilogun".
Dobale: Saudação reverencial feita pelos Filhos de Santos que possuem uma Orixá feminina atribuída.
Ebó: Trabalho de magia e oferendas para os Orixás na Santería.
Ebomin: Mulher com mais de sete anos de prática na "Lei do Santo".
Efun: Tipo de argila branca usada como tinta para desenhar personagens religiosos.
Egun: Espírito dos mortos.
Egungun: Em Nagô, ossos ou alma de uma pessoa morta. Esqueleto.
Ekedí: Posição ocupada por uma mulher que dá assistência aos médiuns em momentos de transe com um Orixá. Mulher que veste e assiste os Orixás.
Epó: Óleo de dendê e qualquer substância oleosa em geral.
Eró: Segredo.
Fá: Ifá, para os Jejes.
Filho de Santo: Pessoa iniciada no culto dos Orixás.
Fun Fun: Frio, branco.
Iaó: Também conhecido como Iyawó ou Yawó. Significa iniciado na religião.
Ifé: Centro ancestral. Cidade da Nigéria que se destacou como reino. Também conhecida como território de Ifé: Ilé Ifé. Significa amor. Centro religioso dos Iorubás.
Igbó: Os itens ou elementos que intervêm no início do processo divinatório. O consultante os segura em uma das mãos. Fazem parte do igbó uma pequena pedra chamada otá, uma semente de

guacalote que recebe o nome de Egué Alió ou Ewe Ayó; um caracol de jardim pequeno e comprido chamado Alié ou Ayé; uma cabeça de boneca chamada Erí-Aguona ou Erí-Aworan; e a pequena porção de cascas, geralmente arredondadas, chamada efún.
Iká: Saudação reverente feita pelos Filhos de Santo regidos por um Orixá masculino.
Ikís: Oráculo pertencente a Orulá.
Iku: Morte.
Ilê: Residência, território, terra, casa. Lugar onde alguém reside ou mora, a casa de uma pessoa.
Italero: Santero especializado em fazer leituras com búzios.
Iyá: Mãe.
Iylabá: Designação geral de Orixás femininos.
Iyalorixá: Mãe de Santo, também conhecida como Iyalocha na Santería Afro-cubana e na Caribenha.
Iyanlá: Avó, mãe suprema ou grande mãe.
Iyá-Ifá: Na Nigéria, classificação dada a mulheres que trabalham com adivinhação (como mães de um processo de transformação em níveis proféticos).
Kiumbas: Espíritos de mortos perturbados deixados para trás que padeceram de vários defeitos em vida. Podem ter sido assassinos, estupradores, vigaristas etc., e seu conteúdo é extremamente negativo. Quando desencarnados, compõem uma categoria espiritual muito baixa, dedicada a perturbar seres encarnados. São obsessivos, perseguidores e fomentam paixões vis, e muitas vezes são a força motriz da magia sombria ou negativa.
Lucumí: Também conhecidos como "Ulcumis" ou povos das regiões perto do Delta do Níger. A palavra "Lukkami" se transformou em Lucumí. Eles viviam no reino de Oyó ou Ulkama, que é outro dos maiores centros políticos e religiosos. Em Cuba,

significa todas as aldeias que se identificaram com a língua Iorubá durante o comércio escravocrata no país.

Mãe de Santo: Iyalorixá. Expressão religiosa com limites de afeto e amor materno, devido à sua condição tutelar dispensada a seus filhos de Santo.

Manu: Número 5.

Manulá: Número 15.

Médium: Pessoa com capacidade de atuar como ponto entre os mundos espiritual e material, usando a mediunidade para esse fim.

Mediunidade: Também chamada ou conhecida como "Sexto Sentido". Faculdade psíquica que permite ao indivíduo se comunicar com o "Além".

Méfa: Número 6.

Mégua: Número 10.

Melle: Número 7.

Mellela: Número 17.

Melli: Número 2.

Mellilá: Número 12.

Melli meguá: Número 20.

Méllo: Número 8.

Mellolá: Número 18.

Mérin: Número 4.

Merinlá: Número 14.

Meta: Número 3.

Metalá: Número 13.

Mésan: Número 9.

Mesanlá: Número 19.

Nações: Diferentes linhas de culto no Africanismo Iorubá. Podem variar em certas particularidades, mas nunca em suas bases ou essência, sempre mantendo as mesmas fundações básicas no culto.

Obá: Rei.
Obi: Fruto africando, a noz-de-cola.
Obi Gui Gui: Coco.
Odus: Signos. Cada uma das diferentes leituras e/ou jogadas determinadas no Ifá ou no Dilogun.
Ogá: Pessoa escolhida pelo sacerdote durante um estado de transe mediúnico-psíquico (com seu Orixá incorporado ou na terra), ou por outra pessoa de certo prestígio e importância dentro do culto e que atua em circunstâncias idênticas. Posição de honra criada para vários propósitos, por exemplo, estabelecer civilizadamente uma boa relação entre o templo e a sociedade.
Okanchocho: Número 1.
Óleo de dendê: Ver óleo ou manteiga de corojo.
Óleo ou manteiga de corojo: Óleo concentrado usado na Santería Afro-cubaba. Semelhante ao óleo de dendê. Substância oleosa amplamente usada em oferendas, refeições dos Orixás e ebós.
Ologberi: Território ou parte do desconhecido habitada por pessoas de outras cidades. Terras ou lugares desconhecidos. Os estrangeiros.
Omiero: Líquido considerado sagrado feito de água da chuva, água do mar, água do rio, mel, ervas e outros elementos.
Orno: Filho.
Ori: Cabeça. Igualmente, substância oleosa de consistência densa, como gordura, manteiga ou óleo de untar, de cor clara, extraída de contas de algodão. É usada em rituais específicos, como em magnetização de ferramentas dos Orixás.
Ori inu: Parte da cabeça considerada a mais sagrada, que regula as atividades psíquicas.
Orixás funfun: "O frio". Pessoas de personalidade predominantemente calma, serena e pacífica. Oposto de Orixás Gbigbona.

Orixás Gbigbona: "O quente". Pessoas de temperamento e caráter intenso. Impetuosas e, principalmente, do sexo masculino.
Objetivo Orita: Linha ou ponto de interseção que separa e une ao mesmo tempo o Orun e o Ayê.
Orogbó: Fruto africano usado em rituais.
Orun: "O outro mundo". O mundo das coisas invisíveis, intangíveis ou abstratas.
Otá: Pedra que, de acordo com suas características, é destinada a um ou outro Orixá para "se assentar" nela e se tornar um receptáculo das forças da natureza. São assentamentos magnéticos e agem como elementos conectores, atraindo a ação benéfica dos Orixás.
Pai de Santo: Babalorixá.
Patakkí: Narrativas de lendas e mitos relacionadas às histórias dos Orixás, com lições de moral voltadas ao aperfeiçoamento espiritual. Sua interpretação explica cada um dos signos ou Odus.
Paxoró: Cetro ou bastão de Oxalá ou Obatalá. O objeto representa o poder desse Orixá na terra.
Quarto Sagrado: Lugar onde se estabelecem os Orixás, ao lado de suas ferramentas e pertences. Quarto considerado sagrado pelas energias que ali habitam. Forças superiores do bem e da luz.
Santería: Devoção aos Santos. Religião dos Orixás nas Américas.
Taramesso: Tabuleiro em que o Sacerdote faz a consulta com as conchas.
Terreiro: Casa Religiosa ou Templo da Santería Afro-brasileira.
Tornar Santo: Ato em que alguém entra na "Lei do Santo". Receber e definir seu Orixá de cabeça. Seu Anjo Guardião. Fazer parte da Santería.
Vodum: Similar ao Orixá para o Candomblé que guarda puramente os conceitos religiosos dos Jejes (pessoas que emigraram de Daomé, hoje República Popular do Benin).

Vumbe: Denominação dada ao grupo de almas ou aos espíritos dos ancestrais.

Xaxará: Símbolo de Omulu feito de material similar à ráfia, semelhante à sua mãe Nanã Buruku.

Zambi: Outra designação Olorun. Deus, para os descendentes religiosos da região de Angola.

Bibliografia

Adivinos y Oráculos Griegos. Robert Flaceliere. EUDEBA, 1993.

Awo: Ifá and the Theology of Orishá Divination. Awo Fá 'Lokun Fatunmbi. Original Publication.

Beaded Splendor. National Museum of African Art. Smithsonian Institution. Washington, DC, 1994.

Civilizaciones de Occidente. Su Historia y su Cultura. Tomo 1. Edward Me. Nall Burns. Ediciones Siglo Veinte, 1980.

Componentes Africanos en el Etnos Cubano. Rafael L. López Valdés. Etnología. Editorial de Ciencias Sociales: La Habana, 1985.

Dieux d'Afrique. Guite des Orishás et Vodouns a 1' ancienne Cóte des Esclaves en Afrique et a Bahia, la Baie de Tous les Saints au Brésil. Pierre Fátúmbí Verger. Éditions Revue Naire: París, 1995.

Diloggún. Oráculo de Obatalá. Cecilio Pérez. Oba Ecun Books, 1986.

El Arte de tirar los Caracoles e interpretar los Cocos. Los oráculos de Biague y Dialoggun (Folklores Afro—Cubano.) Language Research Press.

El Oráculo de los Cauris. Hablan los Caracoles. J. A. Sáenz Astort. Alfadil Ediciones, 1994.

El Santo (La Ocha.) Secretos de la Religión Lucumí. Julio García Cortez. Editora Latino Americana, S. A, 1976.

El Secreto de la Santería. La Enciclopedia Yoruba Lucumí. Carlos Guzman. 1984. The Latín Press Publishing Co: New York.

El Tarot de los Orishás. Zolrak & Durkon. Woodbury: Llewellyn Publications, 1994.

Gods of the Yoruba. Lowie Museum of Anthropology. University of California, Berkeley, 1979.

Historia Universal. Grecia. Carl Grimberg y Ragnar Svanstrom. Círculo de Lectores S. A, 1986.

Ifá. Antigua Sabiduría. Oba Ecun. Oba Ecun Books, 1993.

Jogo de Búzios. Lenda e realidade. Ronaldo Antonio Linares. Tríade Editorial.

La Esclavitud en Hispanoamérica. Rolando Mellafé. EUDEBA. 1987.

Los Caracoles. Historia de sus Letras. Andres R. Rogers. Editado por Librería Latinoamericana, 1973.

Los Orishás en Cuba. Natalia Bolívar Aróstegui. Ediciones Unión, Unión de Escritores y Artistas de Cuba, 1990.

Manual de Orihate. Religión Lucumí. Nicolás Valentín Angarica.

Mitología. Guía ilustrada de los Mitos del Mundo. Doctor Roy Willis (Introducción; Grandes temas de la mitología Africana y varios. Editor Roy Willis. DEBATE. Círculo de Lectores.

O Destino Revelado no Jogo de Búzios. Jorge Alberto Varanda. Editora ECO.

O Jogo de Búzios. A sorte e o destino revelados pelo Jogo de Búzios. Fernandes Portugal. Ediouro. Grupo Coquetel.

O Jogo dos Búzios e as Grandes Cerimónias ocultas da Umbanda. 4ª Edición. José Ribeiro de Souza. Editora Espiritualista Ltda.

O Jogo dos Búzios. Dr. Byron Torres de Freitas. Editora ECO. 8ª Edición.

O Verdadeiro Jogo dos Búzios. Babalawó Oju-Obá Editora ECO, 1972.

Santería. Magia Africana en Latinoamérica. Migene González Wippler. Editorial Diana, 1976.

Summa Artis. Historia General del Arte. Tomo V. José Pijoan. Espasa Calpe S.A. 1953.

Suma Teologica (1A. Ed.). Tomas de Aquino, S. Madrid: Biblioteca de Autores Cristianos, 1964.

Tem Dende tem Axé. Etnografia do Dendezeiro. Raul Lody. Ed. Pallas, 1992.

Tranca Ruas Das Almas. No Candomblé e na Umbanda. José Ribeiro de Souza e Decelso. Editora ECO, 1974.

Versión Reina-Valera. Sociedades Bíblicas en América Latina, 1960.

Renovado, Sociedades Bíblicas Unidas, 1988.

Yemayá y Ochún. Kariocha, Iyalorichas y Olorichas. Lydia Cabrera. Colección del Chicherukú en el exilio. Madrid, 1974.

Yoruba: Nine Centuries of African Art and Thought. Drewal, Henry John, and John Pemberton 111, with Rowland Abiodun. Edited by Allen Wardwell. New York: The Center of African Art in Association with Harry N. Abrams lnc. Publishers, 1991.

Escreva para o Autor

Se você deseja entrar em contato com o autor ou gostaria de mais informações sobre este livro, escreva para ele aos cuidados da Llewellyn Worldwide Ltd. e enviaremos sua solicitação. O autor e a casa editorial gostam de saber o que os leitores acham do livro, o que aprenderam com ele e como a obra os ajudou. A Llewellyn Worldwide Ltd. não pode garantir resposta a todas as cartas escritas para o autor, mas todas serão encaminhadas. Escreva para:

Zolrak
c/o Llewellyn Worldwide
2143 Wooddale Drive
Woodbury, MN 55125-2989

Inclua um envelope selado e com seu endereço para resposta, ou um dólar para cobrir os custos. Se você não for dos EUA, coloque um cupom de resposta postal internacional.

Muitos dos autores da Llewellyn têm *sites* com informações e recursos adicionais. Para mais informações, visite nosso *site*: http://www.llewellyn.com.